HOWARD ZINN

만만한 하워드 진

초판 1쇄 인쇄 2017년 1월 25일 \ **초판 1쇄 발행** 2017년 1월 31일
지은이 데이비드 콕스웰 \ **그린이** 조 리 \ **옮긴이** 송제훈 \ **펴낸이** 이영선 \ **편집 이사** 강영선
주간 김선정 \ **편집장** 김문정 \ **편집** 임경훈 김종훈 하선정 유선 \ **디자인** 김회량 정경아
마케팅 김일신 이호석 김연수 \ **관리** 박정래 손미경 김동욱

펴낸곳 서해문집 \ **출판등록** 1989년 3월 16일(제406-2005-000047호)
주소 경기도 파주시 광인사길 217(파주출판도시) \ **전화** (031)955-7470 \ **팩스** (031)955-7469
홈페이지 www.booksea.co.kr \ **이메일** shmj21@hanmail.net

ISBN 978-89-7483-831-7 03300
값10,900원

이 도서의 국립중앙도서관 출판시도서목록(CIP)은 e-CIP 홈페이지(http://www.nl.go.kr/ecip)에서
이용하실 수 있습니다.(CIP제어번호: CIP2017000613)

HOWARD ZINN

데이비드 콕스웰 지음
조 리 그림
송제훈 옮김

만만한 하워드 진

서해문집

Contents

"가르치는 사람으로서
그리고 글을 쓰는 사람으로서
나는 단 한 번도 '객관성'에 집착한 적이 없다.
객관적이라는 것은 가능하지도, 바람직하지도 않다고 본다."

_하워드 진

Zinn's World
진의 세계

이유 있는 저항

"내 생각의 출발점은 이렇다. 세상이 거꾸로 돌아가고 있고 모든 게 잘못되어 있으며 엉뚱한 사람들이 수감되어 있는 반면에, 정작 감옥에 가야 할 사람들은 거리를 활보하고 있다. 엉뚱한 사람들이 권력을 쥐고 있고 정작 권력을 가져야 할 사람들은 아무런 힘도 없다. 미국과 전 세계에서 부의 분배는 단순히 소극적인 개혁조치가 아닌 급진적인 재분배를 요구할 만큼 잘못되어 있다.

우리가 할 일은 그저 이 세상의 현실에 대해 생각해보고 모든 것이 거꾸로 돌아가고 있다는 사실을 깨닫는 것이기 때문에 긴 얘기를 할 필요조차 없다는 것이 내 생각의 출발점이다. 대니얼 베리건Daniel Berrigan은 지금 감옥에 갇혀 있다. 가톨릭 사제이자 시인인 그는 전쟁에 반대한다. 에드가 후버J. Edgar Hoover(1924년부터 1972년까지 48년간 FBI 국장으로 재임하면서 통제되지 않는 정보권력을 휘둘렀다는 비판을 받고 있다_옮긴이)는 알다시피 감옥에 가지 않았다. 청년 시절부터 줄곧 전쟁에 반대하며 온 힘과 열정을 다해 반전운동에 헌신해온 데이비드 델린저David Dellinger도 감옥에 가게 될 처지에 있다. 베트남 미라이 학살 사건의 책임자들은 재판에 회부되기는커녕 워싱턴에서 크고 작은 공직을 맡고 있다. 그들은 학살을 조장하는 일을 하면서도 실제로 학살이 일어나면 놀란 표정을 짓는다. 켄트대학교에서는 학생 네 명이 주 방위군의 총격에 목숨을 잃었고 이에 항의하는 학생들은 기소되었다. 이 나라의 모든 도시에서 집회에 참여한 사람들은 거리 행진을 하거나 말거나 무슨 행위를 하든지 경찰의 곤봉에 두들겨 맞는다. 그

러고는 경찰에게 폭력을 행사했다는 혐의로 오히려 체포되기까지 한다." -
하워드 진, '문제는 시민의 복종이다.' (1970년)

앞의 글을 쓰고 10년이 지난 뒤 하워드 진은 《미국 민중사A People's History of
the United States(이하 국내 출간된 경우 국내 도서명을 따름_옮긴이)》를 펴냈다. 이 책에서
그는 지금까지 나온 역사책들은 지배자의 입장에서 역사를 이야기한다고 주
장했다. 극소수의 지배계급이 거의 모든 자원을 통제
하는 것이 왜 정당한지를 강변한다는 것이다. 윈스턴
처칠은 "역사는 승자의 기록"이라고 말했다. 진은 그
들과는 다른 사람들의 관점, 노동하고 투쟁하는 절대
다수의 관점에서 이야기를 시작한다. 그의 책은 미국
역사 연구에 혁명-패러다임의 전환-을 불러일으켰다.
진은 객관적이거나 중립적인 입장에서 출발하지 않
으며 그런 입장을 표방하지도 않는다. 그는 명확한 관점
과 자신이 따르는 신념을 기초로 출발하는데, 그것은 본질
적으로 계몽주의 시대에 선언된 원칙들과 미국 독립선언
문에 명시된 '생명과 자유와 행복 추구'에 대한 "양도
할 수 없는 권리"와 일치한다. 이런 원칙들은 건국의
기초가 된 문서에 근사한 문구로 기술되어 있지만 정작
정부와 사회를 이끄는 원리로서는 주변부로 밀려나는
경우가 많다.

진은 역사가 취사선택된다는 사실을 잘 알고 있
었다. 어느 하루 동안 전 세계에서 벌어지는 사건
들을 기록하려면 족히 수십 권의 책이 필요할 것이
다. 역사가는 이 가운데 자신이 탐색하고 싶은

부분만 선택한다. 많은 역사가들이 전쟁과 정치적 투쟁에 초점을 맞춘다. 어떤 역사가들은 문화와 예술에 집중한다. 진은 흔히 역사의 기록이 주목하는 극소수 지배 엘리트 계급 대신에 절대다수의 민중에 초점을 맞춘다. 그리고 자본주의가 진전되고 있는 사회에서 일하며 살아가는 사람들의 삶과 투쟁에 주목한다.

"가르치는 사람으로서, 그리고 글을 쓰는 사람으로서 나는 단 한 번도 '객관성'에 집착한 적이 없다. 객관적이라는 것은 가능하지도, 바람직하지도 않다고 본다." 진은 《진 읽기The Zinn Reader》의 머리말에 이렇게 썼다. "나는 '역사' 또는 '뉴스'라고 주어지는 것들이 실제로는 수많은 정보 가운데 취사선택된 것이라는 사실을 일찍부터 알고 있었다. 그렇게 선택된 것들은 그것을 선택한 사람이 중요하다고 생각하는 것일 뿐이다."

마르크스와 진

진을 비난하는 일부 사람들은 그를 마르크스주의자라고 몰아세운다. '디스커버 더 네트웍스(www.discoverthenetworks.com)'에 게시된 '정치적 좌파 안내'는 《미국 민중사》를 다음과 같이 소개한다. "마르크스주의 서적으로서 미국을 약탈적이고 억압적인 자본주의 국가로 기술하고 있다. 미국이 성과 인종을 차별하는 제국주의 국가이며, 부자들의 이익을 위해 자본가 지배계급이 미국을 움직인다고 기술한다." 이 사이트는 《미국 민중사》가 "역사상 가장 많이 팔린 역사 분야 서적 가운데 하나"라는 사실에 경악한다. "각주라든가 다른 학술적 장치들이 결여되어 있음에도 이 책은 오늘날 미국 대학의 강의실에서 가장 큰 영향력을 가진 교재 가운데 하나다. 역사 분야는 물론이고 경제학, 정치학, 문학, 여성학 분야에서도 그러하다."

'애큐러시 인 아카데미아AIA'의 사무총장이자 《왜 좌파는 미국을 증오하는가: 미국의 위대함을 가리는 거짓말을 폭로하다Why the Left Hates America: Exposing the Lies That Have Obscured Our Nation's Greatness》의 저자인 대니얼 J. 플린은 '히스토리뉴스 네트워크(http://hnn.us/article/1493.html)'에 기고한 글에서 진을 "절대 바뀌지 않을 반미 마르크스주의자"라고 불렀다. 플린은 미국 대학에서 강의하고 있는 '마르크스주의자' 5000명의 명단에 진을 포함시키기도 했다.

플린이 만든 명단에 자신이 포함되었음을 알게 된 진은 마르크스도 스스로를 마르크스주의자로 자임하지 않았음을 지적하며 플린의 주장을 일축했다. 진은 '나는 마르크스주의자가 아니다Je ne suis pas Marxiste'라는 제목의 글에서 마르크스에 관한 일화를 소개했다. 한번은 영국 런던의 칼 마르크스 클럽에서 마르크스를 연사로 초청했다. 마르크스는 그들의 초청을 정중히 거절하며 이렇게 말했다. "칼 마르크스 클럽에 저를 연사로 초청해주셔서 감사합니다. 하지만 저는 여러분의 클럽에서 연설할 수 없습니다. 마르크스주의자가 아니기 때문입니다."

> 이렇게 말할 수도 있겠네요. "나 같은 사람도 회원으로 받아주는 클럽이라면 별로 가입하고 싶지 않아요."

> 그건 내가 한 말이에요, 칼. (미국의 코미디언 그로우초 막스. ―옮긴이)

진은 이 일화를 마르크스의 인생에서 '가장 인상적인 대목'이라고 평가했다. 칼 마르크스 클럽의 창설자인 피퍼Pieper나 스탈린, 김일성, 혹은 거듭난 마르크스주의자를 자처하며 《자본론》 1, 2, 3권과 특히 《정치경제학 비판요강》을 절대적 진리로 떠받드는 사람들을 따르지 않으면서도 마르크스의 사상을 이해하는 데 위의 일화가 좋은 출발점이 될 것이라는 게 진의 생각이었다.

진은 이어서 이렇게 말했다. "나는 오랫동안 마르크스의 철학과 정치경제학에 중요하고도 유용한 사상이 담겨 있다고 생각했다." 하지만 마르크스 역시 "때로 오류가 있었고 교조적"이기도 했다. 마르크스는 "제국주의의 지배가 제3세계에 자본주의를 더욱 빨리 확산시킴으로써 사회주의로 가는 길을 단축할 수 있는 '진보적인' 방법이 될 수 있다"고 생각했다. 한편 마르크스는 "자본주의를 비판했을 뿐만 아니라 사회를 변혁시키고자 한다면 혁명가 자신부터 바뀌어야 한다고 경고하기도 했다."

진은 자신이 마르크스 사상을 열렬히 추종한다고 생각하지 않지만, 역사를 보는 관점과 인류를 진보시키는 힘을 분석하는 데 마르크스에게 사상적 빚을 지고 있음은 분명하다. 마르크스는 《공산당 선언》을 이렇게 시작한다. "지금까지 존재해온 모든 사회의 역사는 계급투쟁의 역사다." 마르크스는 사회의 진화라는 관점에서 역사를 분석했다. 이런 시각은 마르크스 당대에 등장한 헤겔에게서 빌려온 것이다. 그리고 마르크스는 경제학, 그리고 경제학적으로 정의된 계급의 측면에서 진보를 바라보았다. 사실상 오늘날의 모든 역사학자와 정치학자들은 마르크스에게 사상적 빚을 지고 있는 셈이다. 진은 무엇보다 역사를 바라보는 마르크스의 관점을 활용한다. 그러므로 마르크스주의자는 아니지만 진의 관점이 어느 정도는 마르크스주의적이라고 말하는 것은 타당하다.

A PEOPLE'S HISTORY OF THE UNITED STATES by Howard Zinn

《미국 민중사》

사람들이 역사를 읽고 싶다는데 뭐 잘못된 거 있습니까?

플린은 《미국 민중사》가 "엄청나게 팔린" 것은 "알랑거리는 연예인들" 때문이라고 주장했다. 그러면서 '펄 잼'의 리드보컬 에디 베더와 메탈 밴드 '레이지 어게인스트 더 머신', 그리고 영화 〈굿 윌 헌팅〉에서 주연을 맡은 맷 데이먼 같은 이들을 지목했다.

A PEOPLE'S HISTORY OF THE UNITED STATES

PEOPLE'S STORY THE TED STATES

이 영화에서 주인공은 심리학 교수에게 《미국 민중사》를 읽어보면 "정신이 번쩍 들" 것이라고 말한다.

플린은 〈뉴욕타임스〉에 서평을 기고하는 에릭 포너가 《미국 민중사》를 학생들의 "필독서"로 추천한 것에 대해서도 비난을 퍼부었다. 아마존닷컴이 《미국 민중사》를 주요 대학에서 가장 많이 팔리는 책으로 꼽았다는 사실을 언급하며, 플린은 대학 캠퍼스에서 《미국 민중사》가 누리는 선풍적인 인기가 교수들이 이 책을 학생들에게 읽도록 "강요"했기 때문일지도 모른다는 의혹을 제기했다.

플린은 《미국 민중사》가 "편향된 저널리즘"이라고 주장한다. 그의 사고방식으로는 진에게 편향성이라는 불명예스러운 딱지를 붙이는 것보다 더 나은 공격 방법이 없었을 것이다. 플린의 결론은 이렇다. "중상모략으로 채워진 이 책의 인기와 학문적 성공은 인간의 어리석은 맹신과 망상, 그리고 미국 저술계의 한심한 풍토를 여실히 보여준다."

〈보스턴 글로브〉와의 인터뷰에서 "지나치게 정파적으로" 글을 쓰는 것 아니냐는 질문을 받았을 때 진은 이렇게 대답했다. "《미국 민중사》를 쓰겠다고 마음먹기 훨씬 전부터 저의 당파성은 노동계급 이민자 가정이라는 성장 배경에서 만들어졌습니다. 조선소 노동자로 보낸 3년의 세월과 제2차 세계대전에 폭격수로 참전한 경험, 그리고 남부의 인권운동과 베트남전 반대운동에 참여한 경험도 저의 당파성을 만들어주었습니다. 학생들은 해석이 배제된 순수한 사실만 배워야 한다고 주장하는 교육자와 정치인들이 있는데, 그런 건 세상에 존재하지 않습니다! 그래서 저는 저항―계급적 억압과 인종적 불평등, 성차별, 국가주의적 오만에 대한―의 목소리를 강조하는 쪽을 택했습니다. 일반적인 역사책에선 빠져 있는 것들이죠."

진의 역사관에는 열정과 개인적 체험이 녹아 있다. 진이 기술하는 역사는 냉정한 외부의 관찰자가 아닌 현장에 뛰어든 사람이 증언하는 민중의 역사다. 《미국 민중사》을 읽으면서 우리는 과거의 사건과 문화를 이해하고 평가하는 우리의 방식이 바뀌는 것을 경험한다.

하워드 진: 역사 속의 삶

하워드 진의 세계에서 역사의 주제는 거리에서 마주치는 평범한 사람들의 삶과 얽혀 있다. 개인적인 삶에서도 진은 자신이 쓰고 강의실에서 가르치는 역사를 자기 존재의 현실이나 세상 사람들의 삶과 결코 따로 떼어놓지 않았다. 그는 국외자의 시각으로 역사를 냉정하게 평가하는 객관적인 역사가의 입장을 취하지 않았다. 그는 열정적으로 역사에 다가섰고 개인적인 관점에서 역사를 바라보았다. 진에게는 삶과 역사가 하나였다.

진에게는 현재와 과거 사이의 분명한 구분이 없다. 역사는 현재 진행되는 이야기다. 진이 이야기하는 역사는 위대한 모험담이며, 따분한 교과서이기보다 위대한 소설에 가깝다. 역사학 교수로서 그는 역사에 생명을 불어넣기 위해 학생들 앞에서 교과서 대신 역사소설을 펼치기도 했다. 윌리엄 포크너가 말했듯이 "과거는 결코 죽지 않으며 끝나지도 않았다." 진은 역사를 통해 오늘날의 민중투쟁과 과거의 투쟁을 연결시켰다.

역사는 살아 있다!

진은 그저 한 사람의 역사학자가 아니었다. 그는 오롯이 사랑하고 투쟁하며 자신과 같은 일을 해온 이들에게 공감하는, 따뜻한 피가 흐르는 인간이다. 그는 또한 어려서부터 글로 자신을 표현하기 좋아하는 타고난 작가였다. 그는 위대한 역사책들을 읽으며 자신만의 세계를 탐색했고 글쓰기를 통해 자신의 생각과 느낌을 정리하기를 좋아했다.

진은 자신의 강의를 들은 수천 명의 학생들에게 생각의 문을 열어준 스승이었다. 그는 역사라는 무대의 배우이기도 했다. 그는 중립적인 방관자가 아니라 현실의 투쟁에 뛰어든 활동가였고 점차 역사를 움직이는 사람이 되었다. 그는 강력한 영향력으로 다른 사람들도 같은 일을 하도록 독려했다.

활동가로서의 삶, 저술가로서의 저작물, 교수이자 역사학자로서의 연구는 유기적 통일체가 되었다. 그의 삶을 들여다보는 것만으로도 그의 사상과 역사가로서의 업적을 이해할 수 있게 된다. 그의 삶은 역사와 하나가 되었고, 역사는 그의 삶과 하나가 되었다.

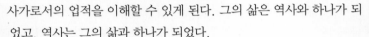

노동자계급으로 자라다

하워드 진의 이야기는 1922년 8월 24일에 시작된다. 그는 뉴욕 맨해튼 남동부의 유대인 노동계급 이민가정에서 태어났다. 그는 에디 진과 제니 진 부부의 5형제 가운데 둘째였다. 가난은 그의 어린 시절을 내내 따라다녔다. 그의 부모는 공장 노동자로 일하던 시절 처음 만났고, 가족을 먹여 살리기 위해 평생 뼈 빠지게 일했다. 그들은 뇌수막염으로 큰아들을 잃었다. 어린 진은 영양이 부족해 구루병으로 고생했고 이 때문에 깡마르고 허약했다. 대공황기에 가난한 가정에서 자랐기 때문에 그는 어려서부터 자신이 노동자계급이라는 의식이 있었다.

진의 아버지는 동유럽의 렘베르크Lemberg에서 미국으로 건너왔다. 렘베르크는 한때 오스트리아헝가리 제국의 영토였으나 폴란드에 귀속되었다가 이후 소비에트 연방(소련)의 영토가 되었으며, 현재는 우크라이나의 리보프 시로 이름이 바뀌었다. 진의 어머니는 몽골에서 멀리 떨어지지 않은 시베리아 바이칼 호수 인근 이르쿠츠크 출신이다. 사람들이 진에게 아시아인을 닮은 외모를 언급할 때마다, 그는 사뭇 진지하게 자신의 혈통을 거슬러 올라가면 몽골 근처 아시아 깊은 지역에까지 다다른다고 대답했다. 진의 부모는 유대계였지만 두 사람 모두 특별히 종교적이지는 않았다.

에디 진은 공장 노동자로 일했으며 다양한 육체노동을 했다. 건물 유리창을 닦았고 손수레를 끌고 다니면서 노점상을 했으며 넥타이를 파는 일도 했다. '공공사업국WPA'이 시행한 취로사업에도 나갔다. 그러다 결국 레스토랑과 예식장에서 서빙을 하는 고된 웨이터 생활을 시작했다. 그는 웨이터 노동조합에도 가입했다. 청소년기에 진은 이따금 신년 전야 파티에서 아버지의 일을 도왔다. 진은 그 일을 싫어했고 특히 고용주와 손님들이 웨이터에게 보이는 모욕적 태도에 진저리를 쳤다.

진의 아버지는 끝내 가난에서 벗어나지 못했다. 진은 자서전에서 "아버지는 평생 아주 적은 돈을 벌기 위해 아주 열심히 일하셨다"고 적었다. 그는 "정치인과 평론가와 기업인들이 '미국에선 누구나 열심히 일하기만 하면 부자가 될 수 있다'고 떠들 때마다 분노가 치밀었다"고 덧붙였다. 진은 '누군가 가난하다면 그건 그 사람이 열심히 일하지 않았기 때문'이라는 함의가 거짓임을 알고 있었다. 그는 아버지를 포함한 수많은 사람들이 대단한 기업가나 정치인들보다 훨씬 열심히 일하는 모습을 지켜보며 성장했다. 하지만 그의 아버지와 노동계급에 속한 수많은 사람들은 아무리 열심히 일을 해도 빈곤에서 빠져나올 수 없었다.

문자의 세계를 발견한 소년

어려운 환경에서도 문자에 대한 타고난 애착은 진의 어린 시절부터 도드라졌다. 진의 가족은 하루하루 먹고살기 위해 이리저리 이사를 다니며 절박한 생존투쟁을 벌이고 있었다. 진의 집에는 책이 없었다. 하지만 여덟 살 무렵부터 진은 이미 무엇이든 닥치는 대로 읽어대기 시작했다. 그가 처음으로 갖게 된 책은 《타잔과 오파르의 보석》이었다. 몇 페이지가 찢겨져 나간 책을 거리에서 주운 것이었다.

비록 가난했지만 진의 부모는 어린 아들이 책에 푹 빠져 있다는 것을 알고 있었다. 그래서 형편이 되는 대로 진에게 읽을거리를 마련해주기 위해 애썼다. 그 시절 진은 〈뉴욕포스트〉 신문에서 오려낸 쿠폰에 몇 센트를 더해 매주 한 권씩 책을 사 모았다. 그렇게 해서 찰스 디킨스의 전집을 갖게 되었다. 《데이비드 코퍼필드》《두 도시 이야기》《어려운 시절》《위대한 유산》《올리버 트위스트》 같은 디킨스의 작품들은 어린 진의 세계관에 큰 영향을 끼쳤다.

디킨스는 작품을 통해 억압받는 노동계급의 현실을 생생하게 보여주었다. 어린 진은 소설의 줄거리와 등장인물로부터 깊은 인상을 받았다. 훗날 진은 아이의 눈으로 계급적 억압을 묘사한 디킨스의 능력에 감탄하지 않을 수 없다고 말했다. 디킨스는 작품을 통해 어린아이들을 사실상 노예로 부리는 불의한 사회체제를 생동감 있게 묘사했다. 잘못된 체제는 아이들을 희생양으로 삼는 경우가 많은데, 디킨스의 소설은 가난은 개인의 책임이라는 주장을 정면으로 반박했다.

2001년 진은 국제문제연구소Institute of International Studies 해리 크라이슬러 사무총장과의 대담에서 이렇게 말했다. "디킨스의 작품을 통해 저는 근대 산업체제의 본질을 제대로 이해하게 되었습니다. 그 체제가 사람들에게 무슨 짓을 하고 있는지, 가난한 이들이 어떻게 살아가고 있는지, 또 그들이 어떻게 희생되고 있으며, 법원이 어떤 식으로 움직이는지 말입니다. 사법제도는 늘 가난한 이들의 반대편에 서 있었습니다. 맞습니다. 저의 계급의식은 디킨스의 영향으로 단단해졌습니다. 디킨스는 제가 품고 있던 생각에 일종의 정당성을 부여해주었습니다. 책을 읽으면서 누구나 경험하는 것이지만, 디킨스의 작품은 제가 속으로 생각하던 것들이 저 혼자만의 생각이 아니라는 사실을 깨닫게 해주었습니다."

이사를 자주 했기 때문에 진은 전학도 자주 해야 했고 그러면서 새 학교에 적응하는 것에도 익숙해졌다. 잦은 이사와 전학에도 진의 학업성적은 매우 우수했다. 그래서 브루클린의 토머스 제퍼슨 고등학교로 전학을 갔을 때는 한 학년을 월반하기도 했다. 진은 이곳에서 글쓰기 프로그램을 수강하며 문예반 활동을 했다.

진의 부모는 어렵게 모은 돈으로 아들에게 타자기를 한 대 사주었다. 진은 타자기 사용법을 스스로 익혔다. 그리고 곧 책읽기만큼이나 글쓰기에 빠져 들었다. 글쓰기는 그에게 몸을 움직이는 것처럼 일상적인 활동이 되었다. 그는 책을 한 권 읽을 때마다 독후감을 썼다. 하지만 지긋지긋한 가난은 결국 진의 학업에도 영향을 끼쳤다. 학교를 점차 멀리하면서 결석이 잦아졌고 어떤 때는 몇 주씩 학교를 빠지면서 결석생 지도교사를 속이려고 잔꾀를 부리기도 했다.

2008년 진은 자신이 작가로 성장하게 된 과

정을 이렇게 설명했다. "제가 스스로를 '작가'라고 의식했는지는 잘 모르겠습니다. 어쨌든 읽는 법을 배우면서부터 줄곧 글을 썼습니다. 책을 한 권 읽으면 공책에 독후감을 꼬박꼬박 기록했죠. 업튼 싱클레어, 존 스타인벡, 리처드 라이트, 찰스 디킨스를 즐겨 읽었습니

다. 제가 열세 살 때 부모님이 중고 언더우드 타자기를 사주셨는데 그걸 가지고 독후감을 꽤 열심히 썼습니다. 작가까지는 몰라도 스스로 언론인이라는 생각은 있었나 봅니다. 육군 항공단 소속으로 참전했다가 돌아와서 루이지애나주 슈리브포트의 박스데일 기지에서 근무할 때 〈박스데일 바크Barksdale Bark〉라는 신문을 만들었습니다. 전쟁이 끝났는데도 군인들을 계속 붙잡아두는 군 당국을 비판하는 사설을 쓰기도 했죠. 물론 뉴욕대학교와 컬럼비아대학교 대학원을 다니면서 수많은 보고서와 석사학위논문, 박사학위논문도 썼습니다. 저는 그 모든 글을 학자풍의 전문용어 대신 대중적인 문체로 썼습니다. 흑인 민권운동에 관해 글을 쓰기 시작한 것은 남부에서 학생비폭력조정위원회SNCC, Student Nonviolent Coordinating Committee 활동과 인권운동에 참여하면서부터입니다. 조지아 주 알바니, 앨라배마 주 셀마, 그리고 미시시피 주의 여러 도시에서 벌어진 시위에 참여하면서 제가 직접 목격한 것을 글로 옮겼습니다. 픽션으로는 1959년 여름에 쓴 소설이 있습니다. 1912년부터 2년간 벌어진 콜로라도 탄광 파업과 이를 무참히 짓밟은 러들로 학살Ludlow Massacre을 배경으로 한 소설인데 몇 군데 출판사에 보냈다가 모두 퇴짜를 맞아서 결국 출판은 포기했습니다. 저의 부모님과 형제들은 모두 극장에서 이런저런 일을 해본 경험이 있는데, 그래서 언젠가는 희곡을 꼭 한 번 써보고 싶었습니다. 그런 생각을 실행에 옮긴 것은 베트남전쟁이 끝난 뒤였습니다. 전쟁이 끝나고 더 이상 반전집회에서 연설을 하거나 전쟁에 반대하는 글을 쓸 필요가 없어지면서 희곡을 쓸 여유가 생긴 것입니다. 이제는 책을 더 쓰고 싶다는 생각이 없습니다. 거의 200만 부가 팔린 700쪽짜리 역사책과 다른 몇 권의 책을 쓰고 나니까 제가 하고 싶었던 말은 거의 다 했다는 생각이 듭니다. 그래도 여전히 《프로그레시브》에 칼럼을 쓰고 있고, 《네이션》과 〈보스턴 글로브〉를 비롯해서 몇몇 신문에 기고도 하고 있습니다. 짬이 좀 나면 희곡을 한 편 더 쓰고 싶다는 생각은 있습니다. 자서전 같은 것은 생각하고 있지 않습니다.”(작가와의 인터뷰에서)

급진주의자가 되다

가난한 가정에서 자랐기 때문에 노동계급의 눈으로 세상을 바라보는 것은 자연스러운 일이었지만 그의 정치적 관점이 급진적으로 바뀐 것은 한 사건을 겪은 뒤였다. 그 사건은 제2차 세계대전이 본격화되던 1940년에 일어났다. 당시 진은 열일곱 살이었다. 진은 몇몇 젊은 공산당원들과 친분이 있었다. 당시만 해도 사회적으로 의식이 있었던 미국인들 가운데에는 사회적 불의를 없애는 데 공산주의가 긍정적인 역할을 할 수 있을 것이라 생각하는 사람들이 많았다.

예컨대 20세기 초 미국에서 흑인에게도 투표권을 주어야 한다고 주장한 정당은 공산당뿐이었다. 공산주의는 대공황을 불러와 수백만 명을 빈곤층과 노숙자로 전락시킨 약탈적 자본주의를 대신할 더욱 인간적인 대안으로 떠오르기도 했다. 그 시절 공산주의자를 자처했던 사람들은 러시아의 스탈린이 실행한 공산주의와는 사뭇 다른 이상적인 공산주의를 머릿속에 그리고 있었다.

진이 만나본 젊은 공산주의자들은 똑똑하고 아는 것이 많았다. 그리고 그들의 주장은 설득력이 있었다. 진은 공산주의자가 아니었지만 뉴욕 타임스 퀘어에서 열리는 평화와 정의를 촉구하는 집회에 함께 가자는 제안에는 기꺼이 응했다. 진의 증언에 따르면 당시 집회는 질서정연하고 비폭력적인 방식으

로 진행되고 있었다. 그런데 갑자기 사이렌이 울리더니 비명소리가 들리기 시작했다. 경찰 수백 명이 집회 참가자들을 덮쳤다. 기마경찰도 있었다. 경찰은 시위대를 향해 무차별적으로 곤봉을 휘둘렀다. 진은 경찰이 휘두른 곤봉에 머리를 정통으로 맞고 의식을 잃었다. 잠시 후 욱신거리며 부어오른 머리를 감싸 쥐고 일어났을 때 세상이 이전과는 다르게 보였다.

진은 그런 일이 미국 땅에서 일어날 수 있다는 사실에 큰 충격을 받았다. 미국은 민주주의 국가가 아니던가? 시민은 자신들의 불만에 대해 발언하고,

글을 쓰고, 모여서 시위를 할 권리가 있으며, 그것은 헌법과 권리장전에 의해 보장된 것이 아니던가? 경찰이 휘두른 곤봉에 얻어맞는 순간, 민주주의와 평등, 그리고 개인의 자유에 대한 진의 믿음도 산산조각이 났다. 진은 공산당원들이 옳았음을 깨달았다. 경찰은 공정한 평화의 수호자가 아니었으며 법률과 헌법을 모든 사람에게 평등하고 공정하게 집행하지도 않았다. 경찰은 부자와 권력자의 하수인이었다. 헌법에 있는 표현의 자유는 그저 말만 번지레한 문구였을 뿐이다. 기득권층과 권력의 심기를 건드리는 발언을 하는 사람은 누구든 곤봉이나 총알 세례를 받거나 말발굽에 짓밟힐 수 있었다.

그날 곤봉으로 머리를 얻어맞은 뒤 세상을 바라보는 진의 시각은 완전히 바뀌었다. 그때까지만 해도 진은 자신을 진보적 자유주의자쯤으로 여겼다. 그는 미국의 민주주의를 신뢰했고 미국이 구불거리는 역사의 길을 따라 앞으로 나아가며 스스로 잘못된 것을 바로잡을 수 있으리라 믿었다. 하지만 이젠 아니었다. 그날 이후 진은 급진주의자가 되었다. 이제 그는 미국의 체제 자체가 끔찍할 정도로 잘못되어 있으며 이전에 생각하던 것보다 문제가 훨씬 심각하다고 느끼게 되었다. 그리고 그것은 새 대통령을 뽑거나 법안 몇 개를 통과시키는 것으로 해결될 문제가 아니었다. 문제를 해결하기 위해서는 기존 질서를 완전히 해체하고 평등, 평화, 협력에 기초한 새로운 사회를 재건해야 했다.

사랑과 전쟁

진은 토머스 제퍼슨 고등학교를 졸업한 뒤 뉴욕 시립 브루클린대학교에 입학했다. 수업료는 무료였지만 어려운 집안 형편 때문에 학교를 계속 다닐 수 없었다. 한가하게 대학에 다닐 때가 아니었다. 한 푼이라도 벌어야 했다. 결국 열여덟 살의 나이로 진은 대학을 중퇴하고 조선소에 취업을 했다. 3년 동안 조선소에서 일하며 그는 전쟁에 필요한 전함을 건조하고 배의 정박을 돕는 일을 했다. 살을 에는 추위와 숨 막히는 더위 속에서 진은 온몸으로 노동의 고단함을 겪어냈다. 고막을 찢는 소음이 귀를 후벼 팠고 독한 냄새가 코와 폐를 찔러댔다.

노동조건은 가혹했지만 조선소에서 일하던 시기에 진은 그의 인생에서 가장 멋지고 초월적인 경험을 했다. 운명적인 사랑 로즐린 셰크터Roslyn Schechter를 만난 것이다. 1942년의 일이다. 하지만 그 사랑은 친구를 배신하면서 시작되었다.

평소 진과 농구를 같이 하던 친구에게 짝사랑하는 여성이 생겼다. 부끄러움을 많이 타서 그녀에게 다가갈 수 없었던 친구는 자신이 전역한 부대의 휘장을 그녀에게 대신 전달해달라고 진에게 부탁했다. 진은 그 여성이 부모와 함께 살고 있는 아파트를 찾아갔다. 그리고 그녀와 처음 마주친 순간 매료되고 말았다. 로즐린은 길게 늘어뜨린 아름다운 금발머리에 얼굴은 러시아 미인을 연상시켰다. 그녀가 가벼운 산책을 제안했을 때 진은 뛸 듯이 기뻤다.

두 사람은 이내 서로에게 호감을 느꼈다. 로즐린 역시 진처럼 책읽기를 좋아했다. 실제로 '러시아 미인'은 도스토예프스키와 톨스토이의 작품에 푹 빠져 있었다. 당시 진은 마르크스와 엥겔스의 저작과 업튼 싱클레어의 소설을 탐독하고 있었다. 두 사람은 사회주의, 파시즘, 제2차 세계대전 등 당시 미국 사회의 현안과 쟁점에 대해서도 비슷한 생각을 품고 있었다.

로즐린과의 만남은 진에게 큰 자극이 되었고 새로운 지평과 열망을 품는 전환점이 되었다. 진은 노동계급의 음울하고 어두운 세상에서 살아왔고 고등학교 졸업 후에는 막다른 골목을 향해 달리고 있었다. 그러던 그가 새롭게 출발하고 싶다는 강한 열망을 품게 된 것이다. 두 사람은 파시즘에 강력하게 반대했고 제2차 세계대전이 압제와 인종차별, 군국주의, 광적인 민족주의, 팽창주의에 맞선 싸움이라고 생각했다. 그 싸움에 진도 동참하고 싶어 했다. 그는 육군 항공단에 자원입대하기로 했다.

진은 부모와 상의도 하지 않고 모병센터로 가서 입대 신청을 했으나 신체검사와 심리검사 결과 입대 부적격 판정을 받았다. 하지만 불같은 성격의 진은 순순히 물러나지 않았다. 파시즘에 맞서 싸우고 싶다는 열망이 너무나 강했기 때문에 그는 다시 모병담당관 면담을 요청했다. 그러고는 입대를 허락해달라고 간청했다. 진의 열정에 깊은 인상을 받은 모병담당관은 결국 진의 입대를 허락했다.

입대 이후 진은 군사훈련을 받기 위해 여러 지역을 옮겨 다녔다. 먼저 미주리 주 제퍼슨 훈련소에서 4개월간 보병 기초훈련을 받았다. 그는 이곳에서 군인으로서의 기본적인 능력과 자세를 집중적으로 교육받았다. 이어 버몬트 주 벌링턴에서 경비행기 조종술을 배웠다. 그런 다음 테네시 주 내슈빌로 이동해서 조종사, 항법사, 폭격수 가운데 어떤 임무가 가장 적합할지 결정하는 테스트를 받았다. 폭격수 임무를 배정받은 진은 곧 캘리포니아 주 산타나로 이동해서 비행 기초훈련을 받았다. 이어 네바다 주 라스베이거스에서 6주간 폭격수 훈련을 받았고 뉴멕시코 주 데밍에서 폭격 조준기 사용법을 익혔다. 그는 탁월한 능력을 인정받아 소위로 진급했다. 모든 훈련을 마친 뒤 첫 번째 휴가가 주어졌다. 유럽으로 파병되기 전에 그는 11일간 집에서 첫 휴가를 보내게 되었다.

훈련을 받는 동안에도 하워드 진과 로즐린 셰크터는 열정적인 편지를 주고받으며 더욱 애틋한 사이가 되었다. 글쓰기에 대한 열정에 사랑이 더해지면

서 진은 자
신의 생각과 느낌, 경험
한 내용을 16개월 동안 하루도
빠짐없이 편지로 써 보냈다. 휴가를
나오자마자 진은 곧장 연인을 만나러
달려갔다. 나흘 뒤인 1944년 10월 30일,
두 사람은 부모와 형제자매만 참석한 가운데
결혼식을 올렸다. 두 사람은 맨해튼의 값싼 호텔에서
1주일을 함께 지내는 것으로 신혼여행을 대신했다. 그런 다음
진은 떠나야 했다. 행선지는 사우스다코타 주 래피드 시였다.
이곳에서 그는 부대원들을 만나기로 되어 있었다. 유럽
으로 가는 수송선에 오르기 전까지 신혼부부는 그

곳에서 함께 지내는 것이 허락되었다.

그즈음 연합군은 유럽에서 반격에 나서고 있었다. 진은 하루빨리 참전하고 싶었다. 로즐린도 그의 마음을 이해해주었다. 진은 조금이라도 일찍 파병되기 위해 다른 폭격수들과 두 차례나 순서를 바꿔 먼저 출발하는 수송선에 올랐다.

전쟁에 대한 회의

1943년 5월부터 1945년 12월까지 2년 반을 복무하면서 '좋은 전쟁'에 대한 진의 이상주의는 조금씩 퇴색되었다. 전쟁이 끝날 즈음 진은 전쟁이 어떤 문제를 해결할 수 있다는 사실을 더 이상 믿지 않게 되었다. 몇 가지 사건이 그를 열렬한 전쟁 지지자에서 환멸만 남은 군인으로 바꿔놓았다.

첫 번째 사건은 전선에 도착하기도 전에 유럽으로 향하는 퀸 메리 호에서 일어났다. 선내 식당에서 좌석 배치에 혼선이 생겨 흑인 병사가 백인 상사 옆에 앉게 되었다. 백인 상사는 불같이 화를 내며 고함을 질렀다. "내가 다 먹을 때까지 이 자식 여기에 못 앉게 해!" 그날 진은 식당의 질서 유지를 책임지고 있었다. 진은 백인 상사에게 좌석 배치에 불만이 있으면 식사를 하지 말고 그냥 나가라고 말했다. 그러고는 화를 내며 이렇게 덧붙였다. "이 전쟁을 대체 왜 하는 건지 알고나 있어?" 그리고 같은 질문을 스스로에게도 던지기 시작했다.

이 편협한 백인 상사에게서 얻은 교훈은 훗날 진이 민권운동에 뛰어들었을 때 도움이 되었다. 대부분의 인종차별주의자들은 차별 그 자체가 아닌 다른 무엇인가에 관심이 있었다. 그 '무엇'에 대한 이해는 협상에 큰 도움이 되었다.

파시즘에 맞서 싸우려는 열정은 뜨거웠지만 군대의 위계질서와 상명하복 체계는 진에게 맞지 않았다. 같은 폭격기를 타고 임무를 수행할 9명의 동료들과 진은 그들끼리 있을 때는 경례와 존칭을 생략하기로 의견을 모았다. 하지만 수송선 안에서는 군대의 방식을 따라야 했고, 사병과 장교는 식사도 따로 했다.

폭격 임무

진은 영국의 이스트 앵글리아에 배치되었다. 그곳에서 베를린과 체코슬로바키아, 헝가리 등지로 출격해 폭격 임무를 수행했다. 그중 진에게 큰 충격을 주면서 전쟁을 바라보는 그의 생각을 바꿔놓은 임무가 있었다. 전쟁이 막바지로 치달으며 독일이 항복을 선언하기 3주 전의 일이었다. 진은 대서양과 접한 프랑스의 휴양도시 로이앙 Royan 폭격 임무를 수행해야 했다.

이미 연합군이 독일 깊숙이 진격하고 있었기 때문에 그 시점에 전선에서 멀리 떨어진 프랑스의 휴양도시를 폭격한다는 것은 이상한 일이었다. 로이앙은 이미 폭격을 당해 도시 전체가 사실상 파괴되어 있었다. 하지만 독일군 수천 명이 그곳에 숨어 있다는 정보가 있었다. 당시 진은 명령에 이의를 달지 않았다. 하지만 이상한 점이 있었다. 평소 사용하는 500파운드 무게의 폭탄 대신 이른바 '액체 화약'으로 불리던 네이팜탄이 투하될 계획이었기 때문이다. 1200기의 폭격기가 독일군이 은신해 있다는 지역에 네이팜탄을 쏟아부을 계획이었다. 그곳엔 프랑스 민간인들도 거주하고 있었다. 제2차 세계대전은 네이팜탄이 사용된 첫 번째 전쟁이었다.

세월이 한참 흐른 뒤에야 진은 폭격수로서 자신이 한 일의 의미를 깨달을 수 있었다. 까마득한 상공의 폭격기에서 진이 볼 수 있었던 것은 자신이 투하한 폭탄이 저 아래 지상에서 성냥불 같은 불빛을 잠깐씩 내는 모습뿐이었다. 그는 지상의 사람들이 폭격으로 사지가 찢겨 나가며 불에 그을려 만신창이가 되는 모습을 볼 수 없었다. 그들의 비명도 들리지 않았다. 그는 그저 명령을 따랐을 뿐이다. 훗날 그는 로이앙 폭격이 전략적 목적에서 아무 의미도 없었다는 사실을 깨달았다. 명령을 내린 이들은 그저 새로운 무기를 시험해보고 싶었던 것일까?

하지만 그런 생각이 전쟁의 포연에 휩싸여 있던 당시에는 전혀 떠오르지 않았다. 전쟁을 치르는 동안 진이 전쟁의 정당성에 의문을 품은 적은 딱 한 번이었다. 가깝게 지내게 된 어느 폭격수가 한번은 진에게 이 전쟁은 파시즘에 맞서기 위한 것이 아니라고 말했다. 그저 세계의 자원을 서로 차지하기 위해 강대국들이 각축을 벌이는 것이며 영국, 미국, 소련 모두 부패한 나라라는 것이었다. 그 나라들은 히틀러의 폭정과 폭력, 인종차별에 대해 어떠한 도덕적 가책도 느끼지 않고 있으며 그저 자기들끼리 세상을 지배하고 싶을 뿐이라는 얘기였다.

진은 그에게 왜 참전을 결심했느냐고 물었다. 그의 대답은 이랬다. "자네 같은 친구한테 이런 얘기를 해주려고." 진은 뭔가에 얻어맞은 기분이 들었다. 그 충격에서 쉽게 벗어날 수 없었다. 전쟁이 끝나고 귀국했을 때 그는 제2차 세계대전 기간 동안 자신의 생각을 정리한 글을 모아 봉투에 담은 뒤, 겉면에 이렇게 썼다. "다시는 안 된다!" 진은 이 봉투를 잘 보관했다.

히로시마와 꼬리를 무는 의문

유럽에서 전쟁이 끝나고 얼마 지나지 않아 일본 히로시마와 나가사키에 원자폭탄이 투하되었다는 뉴스가 전해졌다. 수많은 사람들이 거리로 쏟아져 나와 환호하며 승전을 축하했다. 다른 사람들과 마찬가지로 진 역시 전쟁이 끝났다는 사실이 기뻤다. 원자폭탄이 무엇인지 아는 사람은 없었다. 그저 전쟁이 끝났다는 사실만으로 축하할 일이었다. 사악한 파시스트들이 패배한 것이었다.

전쟁이 끝난 후 진은 존 허쉬가 쓴 《히로시마 Hiroshima》라는 책을 읽게 되었다. 이 책은 히로시마 주민들이 원폭으로 겪은 지옥 같은 상황을 생생하게 묘사하고 있었다. 진은 살갗이 벗겨져 너덜너덜해지고 눈알이 튀어나오거나 팔다리가 찢겨진 사람들과 방사능에 피폭된 사람들의 처참한 모습에 경악했다. 후일 진은 하버드대학교 동아시아연구센터 선임 연구원으로 원폭에 대해 깊이 연구하며 〈죽음과 기록의 혼돈A Mess of Death and Documents〉이라는 보고서를 작성했다. 진은 제2차 세계대전 당시 일본군 장교로 복무한 700명을 면접 조사하면서 히로시마와 나가사키에 원자폭탄이 투하되기 전에 일본군은 이미 항복을 기정사실로 받아들이고 있었음을 알게 되었다. 원폭이나 일본 본토 침공이 없었더라도 일본군은 수개월 이내에 항복을 할 수밖에 없었던 것이다. 따라서 원폭 투하는 러시아보다 한발 앞서 일본의 항복을 받아내는 한편, 미국의 군사력을 소련에 보여주려는 전략적 목표를 위해 결정되었다는 것이 진의 결론이었다. 이처럼 제2차 세계대전의 마침표를 찍은 행동은 냉전의 서막을 알리는 신호탄이 되었다.

진은 로이앙 폭격을 통해 무기의 발달은 그 자체로 가속도를 얻게 되며 이 과정에서 인도적 고려나 처음에 전쟁을 시작한 이유 따위는 잊히게 된다는 사실을 알게 되었다. 무력을 가진 기득권층은 신무기 사용을 포기하려 하지 않는다. 어떻게든 신무기를 실험하고 그 힘을 과시하려 한다.

1966년 8월, 하워드와 로즐린 진 부부는 일본 시민단체의 초청으로 히로시마를 방문했다. 주최 측은 진에게 원폭 생존자들을 대상으로 강연을 해줄 것을 요청했다. 연단에서 바라본 청중 가운데 상당수는 원폭 투하 당시 입은 부상의 흔적이 역력했다. 진은 차마 말을 잇지 못했다

전쟁에 대한 신념이 결정타를 맞다

전쟁의 정당성에 대한 진의 신념에 결정타를 가한 일이 벌어졌다. 종전을 불과 며칠 앞두고 진이 파병 전 훈련을 함께 받으며 가깝게 지냈던 두 사람이 목숨을 잃은 것이다. 에드 플로트킨은 스물여섯 살, 조 페리는 겨우 열아홉 살이었다. 유럽에서 종전이 선언되고 며칠이 지났을 때, 이 사실을 모르고 있던 진이 조 페리에게 보낸 편지가 반송되었다. 편지 봉투의 반송 사유에는 '수취인 사망'이라고 적혀 있었다.

뉴욕에 돌아온 진은 에드 플로트킨의 가족을 수소문했다. 플로트킨의 아내는 전쟁이 끝나기 며칠 전 남편이 태평양 상공에서 비행기 추락 사고로 숨졌다고 말했다. 운명의 장난인지 플로트킨은 유럽으로 향하는 수송선에 오르기 전 부대를 몰래 빠져나가 아내와 마지막 만남을 가졌다. 그날 그의 아내는 아기를 임신했다. 에드 플로트킨은 딸이 생겼다는 사실을 마지막 순간까지 몰랐을 것이다.

세월이 흘러 교수가 된 진이 강의를 하고 있던 어느 날, 강의실 안으로 쪽지가 전달되었다. "에드 플로트킨의 따님이 잠깐 얘기를 나누고 싶어 한다"는 내용이었다. 진은 플로트킨의 딸과 만나 그녀가 태어나기도 전에 세상을 떠난 아버지에 대해 자신이 기억하고 있는 모든 것을 이야기해주었다.

절친했던 동료 두 명의 죽음은 진에게 큰 아픔이었지만 이로 인해 그의 인생관은 완전히 바뀌었다. 그는 회고록에 이렇게 적었다. "받을 자격도 없는 사람이 그저 운이 좋아 50년의 삶을 덤으로 얻었다는 생각이 든다. 그 점을

늘 기억하면서 살아간다." 에드 플로트킨과 조 페리는 이따금 진의 꿈에 나타나 삶이라는 선물이 얼마나 소중한 것인지 그에게 일깨워주곤 했다. 진은 꿈에서 깰 때마다 인생을 낭비하지 않고 충실하게 살겠다는 다짐을 되새겼다. 진은 에드와 조에게 빚을 진 심정으로 그들 모두가 목숨을 걸고 싸우며 꿈꾼 더 나은 세상을 실현하기 위해 무엇이든 다 하겠다고 결심했다.

에드 플로트킨과 조 페리에 대한 기억은 진에게 나침반이 되었다. 그들을 떠올리면 절망에 빠질 수가 없었다. 진은 더 나은 세상이 가능하다는 희망을 끝까지 붙들어야 했다. 진에게 전쟁의 잔혹한 현실을, 높은 상공에서 폭탄을 떨어뜨렸을 때 저 아래 지상에서 사람들이 겪었을 고통을 새삼 깨닫게 해준 것도 그들이었다. 전쟁은 끝났지만 마음속에는 의문이 사라지지 않았다. 그 모든 게 정말 필요한 일이었을까?

나치는 너무나 사악했기 때문에 그들에 맞서 싸우

는 것은 옳고 정당한 일로 보였다. 제2차 세계대전은 '좋은 전쟁'이라는 인식이 보편적이었다. 하지만 진은 거듭 생각할수록, 전쟁이란 일단 시작되면 그 모든 과정이 인간의 도덕성을 타락시키기 때문에 전쟁을 벌이는 양측 모두가 야만적 폭력성이라는 측면에서 서로를 닮아가게 된다는 결론을 내리지 않을 수 없었다. 로이앙에서처럼, '좋은 편'은 마땅히 '우리 편'으로 여겨지는 이들에게까지 폭력을 가했다. 아무 잘못도 없는 독일과 일본의 민간인들에게 퍼부은 연합군의 폭격은 전쟁 초기에 '나쁜 놈'들이 저지른 것보다 훨씬 나쁜 짓이었다.

연합군에 참여한 각국 정부의 주장대로 그들이 사악한 파시즘에 맞서기 위해 전쟁에 나선 것이라면 일본군이 무고한 중국인들을 학살할 때, 그리고 히틀러의 지원을 등에 업은 스페인의 독재자 프랑코가 자국민들에게 폭탄을 퍼부을 때 그들은 왜 팔짱만 끼고 있었을까?(프랑코는 제2차 세계대전이 끝난 뒤에도 수십 년간 권력을 휘둘렀다.) 그리고 나치의 반인도적 범죄에 반대했던 미국은 정작 자국에서는 일본계 미국인들을 집단수용소로 보냈고, 노예제 시절부터 이어진 흑인들에 대한 폭력적 억압체제를 그대로 유지하고 있었다.

진은 전쟁이 인간 본성에 깊이 내재된 욕구에서 비롯된 것이 아니라 정치 지도자들의 조작으로 일어난다는 결론을 내렸다. 그들의 선동과 강요로 사람들이 전쟁터로 내몰리는 것이었다. 선동과 강요가 없다면 사람들은 전쟁에 아무런 관심이 없다. 1917년 미국 정부는 7만5000명의 강사를 전국으로 파견해 수백만 명을 대상으로 강연을 하게 했다. 제1차 세계대전에 대한 지지여론을 이끌어내기 위해서였다. 나중에는 대중매체를 통해 이같은 선동이 수백만 명에게 전달되었다.

진은 2005년 인터넷 방송 〈데모크라시 나우Democracy Now〉에 출연해 진행자 에이미 굿맨에게 이렇게 말했다. "현대전에서 군인들은 총을 쏘고 폭탄을 떨어뜨리면서도 그들의 공격을 받는 사람들에게 어떤 일이 일어나는지 조금도 생각하지 않습니다. 모든 일이 원거리에서 이뤄집니다. 참극이 일어나는 것은 이 때문입니다. 제2차 세계대전에 폭격수로 참전한 제 경험을 떠올려도 그렇고, 히로시마 원폭 투하나 그 밖의 모든 민간인 거주 지역에 대한 폭격, 독일과 일본의 수많은 민간인 살상을 생각해봐도 그렇습니다. 도쿄에서는 하룻밤 융단 폭격으로 10만 명이 죽었습니다. 이 모든 것이 저에게 전쟁의 본질을 깨닫게 해주었습니다. 제2차 세계대전처럼 파시즘에 맞서기 위한, 이른바 '좋은 전쟁'조차도 근본적인 문제를 해결할 수는 없습니다. 전쟁은 서로 총부리를 겨누는 모든 이에게 독을 퍼뜨립니다. 전쟁은 모든 사람들의 정신과 영혼을 파괴합니다. 우리는 지금 이라크에서 그것을 목격하고 있습니다. 외국군의 주둔이 환영받지 못하는 그곳에서 미군 장병들은 점령군이 되어 영혼을 잠식당하고 있습니다. 그리고 그 결과는 참담합니다."

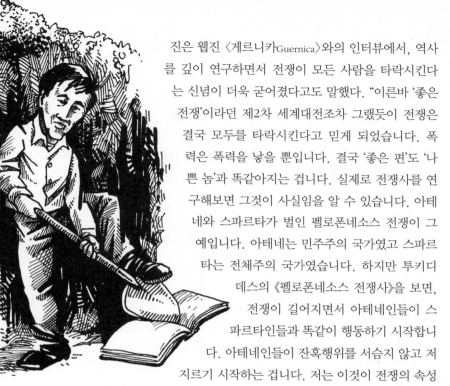

진은 웹진 〈게르니카Guernica〉와의 인터뷰에서, 역사를 깊이 연구하면서 전쟁이 모든 사람을 타락시킨다는 신념이 더욱 굳어졌다고도 말했다. "이른바 '좋은 전쟁'이라던 제2차 세계대전조차 그랬듯이 전쟁은 결국 모두를 타락시킨다고 믿게 되었습니다. 폭력은 폭력을 낳을 뿐입니다. 결국 '좋은 편'도 '나쁜 놈'과 똑같아지는 겁니다. 실제로 전쟁사를 연구해보면 그것이 사실임을 알 수 있습니다. 아테네와 스파르타가 벌인 펠로폰네소스 전쟁이 그 예입니다. 아테네는 민주주의 국가였고 스파르타는 전체주의 국가였습니다. 하지만 투키디데스의 《펠로폰네소스 전쟁사》을 보면, 전쟁이 길어지면서 아테네인들이 스파르타인들과 똑같이 행동하기 시작합니다. 아테네인들이 잔혹행위를 서슴지 않고 저지르기 시작하는 겁니다. 저는 이것이 전쟁의 속성이라고 생각합니다. 이른바 '좋은 전쟁'도 예외가 아닙니다."

학교로 돌아가다

전쟁터에서 돌아온 뒤, 진은 다시 대학을 다니고 싶었다. 다행히 학비는 제대군인원호법GI Bill에 따라 지원받을 수 있었다. 하지만 정부에서 학비를 내준다 해도 곧바로 대학에 갈 수는 없었다. 사람이 교육만으로는 살 수 없는 법이었다. 먹을 음식과 살 집을 얻기 위해 안정적인 수입이 필요했다.

진은 아내와 함께 한동안 처가살이를 했지만 그런 생활이 오래가긴 힘들었다. 독립하기 위해서는 살 집과 경제적 토대를 마련해야 했다. 로즐린은 비서로 일할 자리를 구했고, 진은 조선소에 일자리를 알아보고 있었다. 그러는 동안 그는 희망이 없는 여러 일자리를 전전했다. 웨이터로 일했고 막노동을 했으며 맥주공장에서 일하기도 했다. 일자리가 없을 땐 실업급여를 받아 생활했다.

진 부부는 쥐가 들끓고 범죄율이 높기로 악명 높은 베드포드 스타이브샌트

지역에서 지하층 아파트를 구했다. 얼마 지나지 않아 첫 딸 마일라가 태어났다. 그리고 1949년, 제대하고 3년이 지나 하워드 진은 마침내 뉴욕대학교에 입학했다. 그는 스물일곱 살이었고 둘째 아이가 엄마 뱃속에서 크고 있었다.

제대군인원호법에 따라 학비는 지원받았지만 생계를 유지하려면 일을 해야 했다. 진은 낮에는 강의를 듣고 오후 4시부터 자정까지는 맨해튼의 대형 창고에서 트럭에 짐을 실었다. 로즐린 역시 시간제로 일을 했다. 얼마 후 진의 가족은 맨해튼 이스트 강 인근 로어이스트사이드 구역에 저소득층을 위해 조성된 공공임대주택에 입주할 기회를 얻었다. 가족의 주거 환경은 놀라울 정도로 좋아졌다. 새로 이사한 집에는 개미도 바퀴벌레도 없었다. 단지 안에는 나무들이 심어져 있었고 놀이터도 갖춰져 있었다.

대학원 진학

진은 각고의 노력으로 2년 반 만에 학부과정을 이수하고 1951년 뉴욕대학교를 졸업했다. 그는 이어 컬럼비아대학교 대학원에 진학해서 역사를 전공으로, 경제학을 부전공으로 선택했다. 진은 특히 노동운동의 역사에 매료되었다. 그는 1913~14년의 콜로라도 광산 파업을 주제로 석사학위 논문을 썼다. 이 논문은 1970년에 출간한 《역사의 정치학The Politics of History》에서 '러들로 학살The Ludlow Massacre'이라는 에세이 형식의 글로 다시 등장한다. 그는 1952년 컬럼비아대학교 대학원에서 석사학위를 받았다.

1998년 진은 대안매체 《혁명적 노동자Revolutionary Worker》와의 인터뷰에서 이렇게 말했다. "저는 역사학자나 교수가 되려고 역사를 공부한 게 아닙니다. 학술지에 기고를 하거나 학회에 참석해 심드렁한 동료 학자들을 바라보며 논문이나 발표하려고 역사 공부를 한 것도 아닙니다. 열여덟 살 때부터 활동가였던 저는 이미 역사에 발을 들여놓고 있었던 겁니다. 저는 조선소에서 일하며 그곳에서 젊은 동료 노동자들을 조직화했고 급진적인 사상을 접했습니다. 마르크스, 업튼 싱클레어, 잭 런던을 읽었습니다. 존 스타인벡의 《분노의 포도》도 읽었습니다. 이를테면 저는 정치적으로 각성된 청년 노동자였던 셈입니다. 저는 조선소에서 3년을 일한 뒤 군에 입대했습니다. 육군 항공단에서 폭격수로 복무했죠. 제대한 뒤에는 여러 직업을 전전했습니다. 제가 노동계급의 가정에서 태어나고 성장했다는 사실이 이 모든 것에 영향을 미쳤습니다."

석사학위를 받은 진은 계속해서 박사과정을 공부했다. 전공은 석사 때와 마찬가지로 역사였지만 이번엔 부전공을 정치학으로 바꿨다. 컬럼비아대학교 대학원에서 석사와 박사과정을 밟는 동안 진은 리처드 호프스태터, 헨리 스틸 커메이저, 데이비드 도널드, 리처드 모리스, 자크 바전, 윌리엄 루크텐 버그 등 당대 가장 존경받는 사학자들로부터 지도를 받았다.

직접 진을 가르치지는 않았지만 호프스 태터 교수는 진의 논문 심사위원장을 맡았다. 진은 호프스태터 교수의 글에 깊은 인상을 받았다. 특히 초기작인 《미국의 정치적 전통The American Political Tradition》은 젊은 시절 호프스태터의 급진적 성향을 반영하고 있었다.

진은 데이비드 도널드 교수도 존경했다. 도널드 교수는 자신의 강의에 개인적인 의견을 적극적으로 담아냈다. 도널드 교수에게 역사는 그저 학문을 위한 학문이 아니었다. 그에게 역사란 살아 있으며 사람을 움직이는 것이었다. 노예제 폐지론자들의 활동에 대해 강의를 하면서 눈시울을 붉히는 도널드 교수의 모습에 진은 깊은 인상을 받았다. 진은 어떤 주제든 그런 식으로 가르쳐야 한다고 생각했다. 무릇 교육자라면 자신이 진정으로 열정을 품고 있는 것을 가르쳐야 했다.

강의실에 서다

창고에서 일을 하다가 허리를 다치면서 진은 무거운 물건을 드는 일을 그만두고 다른 일자리를 찾아야 했다. 그는 두 곳의 대학교에서 시간강사직을 구했다. 시간강사는 전임교수에 비해 훨씬 많은 일을 해야 했다. 진은 브루클린대학교에서 두 개의 야간강좌를, 뉴저지 주 이스트오렌지에 있는 읍살라대학교에서 네 개의 주간강좌를 맡았다. 그는 주간강좌와 야간강좌 시간표에 따라 매주 나흘은 서쪽으로 차를 몰아 뉴저지로 향했고, 이틀은 동쪽으로 한 시간을 달려 브루클린으로 향했다. 읍살라대학교는 역사보다 정치학을 가르칠 강사를 원했는데 박사과정에서 정치학을 부전공한 덕분에 진은 강사 자리를 얻을 수 있었다.

진은 박사학위를 취득하기도 전에 흑인 여성들을 교육하는 스펠만대학교의 총장과 만난 자리에서 교수직을 제의받았다. 조지아 주 애틀랜타에 위치한 이 대학은 진에게 사학과 학과장을 맡아달라고 요청했다. 진으로서는 뉴저지와 브루클린을 오가는 장거리 통근에서 해방될 수 있을 뿐만 아니라 정년이 보장된 교수직을 얻을 수 있는 기회였다. 애틀랜타로 온 가족이 이사를 해야 했지만 진은 이 제안을 받아들였다. 1956년의 일이었다.

1960년대에 활짝 만개한 민권 운동은 1956년까지만 해도 아직 그 파급력이 미미한 수준이었다. 미국 대법원은 1954년 '브라운 대 토피카 교육위원회 사건(흑인이라는 이유로 집에서 가까운 학교 대신 멀리 떨어진 흑인 학교에 다녀야 했던

린다 브라운이라는 소녀의 아버지가 토피카 교육위원회를 상대로 벌인 3년간의 긴 소송에서 연방 대법원은 "공립학교의 인종차별은 위헌"이라는 결정을 내림으로써 브라운의 손을 들어주었다_옮긴이)' 판결을 내린 바 있다. 대법원은 기존 판례를 뒤집은 이 판결에서 수정헌법 14조는 학교에서 흑백분리를 금지하고 있다면서 이른바 '분리하되 평등한' 공립학교의 흑백분리교육을 위헌으로 판시했다. 하지만 대법원의 결정도 이미 제도화된 인종차별 현실을 크게 바꾸지는 못했다. 특히 남부의 상황은 더욱 심각했다.

1956년 대통령선거에서 재선에 도전한 공화당의 드와이트 아이젠하워 대통령도, 민주당 후보로 나선 일리노이 주지사 애들라이 스티븐슨도 민권운동에 관해서는 뚜렷한 입장을 내놓지 않았다. 선거에서 승리한 뒤에야 아이젠하워 대통령은 흑인 참정권 보장을 골자로 한 민권법 개정안을 발의했고, 공화당이 법안에 찬성하면서 민권운동이 확대될 수 있는 토대가 마련되었다. 당시 미국은 여전히 매카시즘의 그늘에서 벗어나지 못하고 있었다. 사회 전체가 반공주의라는 집단적 히스테리에 휩싸여 많은 연예인과 노동운동가, 교육자가 공산주의 동조세력이라는 낙인이 찍혀 일자리를 잃었다.

계획에 없던 일

진은 가족이 남부로 이주한다거나 흑인들이 다니는 대학교에서 교수직을 얻는다는 것은 생각해본 적이 없었다. 하지만 그때까지 진이 살면서 얻은 경험은 흑인들의 삶을 이해하는 단단한 토대가 될 수 있었다. 진은 뉴욕의 공공임대주택에서 아일랜드계, 이탈리아계, 아프리카계, 그리고 푸에르토리코에서 온 이웃들과 어울려 살았다. 뉴욕에서는 다양한 인종과 국적을 가진 사람들이 같은 동네와 한 건물에서 이웃해 살았다. 그렇다고 해서 뉴욕에 인종적 편견과 차별이 없었다는 얘기는 아니다. 진은 계층과 인종에 따른 편견과 차별을 숱하게 목격했다.

진은 역사를 전공하면서 미국 민주주의의 이론과 현실 사이의 모순을 분명히 인식하게 되었다. 그리고 리처드 라이트의《토박이Native Son》, 랭스턴 휴즈의 시, 그리고 업튼 싱클레어의《정글》같은 작품들을 접하면서 가난한 흑인들의 삶에 대한 통찰을 어느 정도 얻을 수 있었다. 조선소와 창고에서 일하던 시절에도 그는 흑인이라는 이유로 노조에 가입을 못 하거나 일거리를 얻지 못하는 경우를 종종 목격했다. 군 복무 중에는 제도화한 인종차별을 목격하기도 했다. 가난한 이민자 가정 출신으로 밑바닥 삶을 경험한 진은 거칠고 험한 경쟁사회에서 살아남기 위해 안간힘을 쓰는 힘없고 가난한 사람들에 대해 연민을 갖게 되었다.

그는 자서전에서 이렇게 썼다. "내 삶도 서른세 살이 될 때까지는 그들과 똑같았다. 나는 실직 상태이거나 아니면 열악한 일자리를 전전했다. 두 살과 세 살배기 아이를 남의 손에 맡기고 아내와 나는 일터와 학교로 달려갔다. 우리는 대부분의 시간을 비좁고 불결한 곳에서 지냈고 아이들이 아파도 의사를 부르지 못했다. 왕진비를 지불할 형편이 못 되었기 때문이다. 그러다 상태가 심해지면 아이들을 수련의가 진료하는 병원에 데리고 갔다. 세계에서 제일 부유하다는 이 나라에서 많은 사람들이 그렇게 살아갔다. 그러던 내가 학위를 가지고 교수가 되면서 그 세계에서 조금씩 벗어날 수 있었다. 하지만 결코 그

시절을 잊을 수는 없다."

계획에는 없었던 일이지만 그가 뉴욕에서 애틀랜타로 가게 된 것은 일종의 운명 같은 것이었다. 당시 애틀랜타는 흑백분리가 만연한 남부의 심장부였다. 마틴 루터 킹 목사도 애틀랜타에 살고 있었다. 그리고 진이 남부에 머물던 시기에 애틀랜타는 역사적인 민권운동의 중심지로 떠오르게 된다. 진은 이 모든 것의 중심지에 가족과 함께 정착했다. 진은 이제 미국 역사에서 가장 강렬한 과도기를 목격하게 되는 것은 물론이고 그 과정에서 적극적인 참여자가 될 참이었다.

북부에서 남부로

진의 가족은 이삿짐을 꾸려 뉴욕을 떠나 조지아 주 애틀랜타로 향했다. 1950년대에도 조지아 주는 백인 우월주의 전통이 여전히 강했고 흑백분리가 법으로 시행되고 있었다. 인종차별이 합법인 지역에서 백인 집주인들은 흑인들이 다니는 대학의 교수에게 집을 임대해주는 것조차 꺼려했다. 그들은 스펠만대학교를 '검둥이대학'이라고 불렀다. 진이 근무지를 밝히는 순간 집주인들은 이미 임대 계약이 되었다고 말을 바꾸기 일쑤였다. 우여곡절 끝에 진의 가족은 애틀랜타 동부 디케이터 시의 백인 노동자 주거지역에 작은 집을 얻었다.

1956년의 애틀랜타는 남아프리카공화국의 요하네스버그만큼이나 흑백분리가 심했다. 흑인이 시내 중심지에서 눈에 띈다면 그 사람은 백인들을 위해 일하는 직종에 있는 게 틀림없었다. 만일 흑인과 백인이 함께 나타난다면 그 흑인은 옆에 있는 백인 밑에서 일하는 사람임에 틀림없었고, 이때 그들 주변에는 팽팽한 긴장이 흐르곤 했다. 스펠만대학교 학생들은 흑인에다 여성이었기 때문에 이중의 불리함을 떠안아야 했다. 고등교육을 받는 것은 그러한 불리함을 상쇄하기 위한 방법이었다. 인간으로서 그들이 품고 있는 포부에 아무런 관심도 보이지 않는 냉혹한 세상에 맞서기 위해 그들에겐 대학 졸업장이 필요했다.

줄곧 북부에 살다가 남부로 오면서 진은 인종차별이 일상화된 남부의 야만적인 현실에 부딪히게 되었다. 그의 학생들은 예의바르고 정중했다. 하지만 진은 평생을 이등시민 또는 동물 취급을 받으며 살아온 그들이 억눌린 분노를 감추기 위해 겉으로만 그런 태도를 보인다는 사실을 간파했다. 학생들에게 최초로 경험한 인종적 편견의 기억을 각자 글로 써보라고 하자 태어나면서부터 차별을 받아온 그들의 억눌린 감정이 봇물 터지듯 쏟아져 나왔다.

가르치는 사람으로서 진은 학생들에게 모든 것을 보여주는 것이 중요하다고 생각했다. 학자는 강단에서 자신의 관심사나 정치적 신념을 내비쳐서는 안 된다는 통념을 진은 타당하다고 생각하지 않았다. 그는 교수나 역사학자가 자신의 직업과 개인적 신념을 왜 구분해야 하는지 이해할 수 없었다. 진은 자신의 직업적 책무가 남부의 낡은 계급질서와 충돌할 수밖에 없다는 것을 알고 있었다.

제도에 도전하다

교수가 되고 몇 개월이 지났을 때 그는 참관 수업을 위해 학생들을 조지아주 의회 의사당으로 데리고 갔다. 의사당 방청석에서 앉을 자리를 찾던 학생들은 구석 쪽에 '흑인 좌석'이라는 표지판이 붙어 있는 구역을 보았다. 그것은 흑인들이 앉을 수 있는 좌석이 따로 정해져 있음을 알리는 것이었다. 하지만 다른 좌석들이 텅텅 비어 있었기 때문에 학생들은 아무 자리나 앉기로 했다.

낚시 면허에 관한 조례를 논의하던 고매한 의원들은 더 이상 회의를 진행할 수 없었다. 흑인 여성들이 백인 방청석에 앉아 있는 모습에 심기가 몹시 불편해졌기 때문이다. 화가 치민 의장이 마이크를 잡더니 '검둥이들'은 당장 정해진 자리에 가서 앉으라고 소리쳤다. 백인의 신성한 주권에 도전하는 흑인 학생들에게 의원들이 고함을 질러대면서 의사당 전체가 소란스러워졌다. 출동한 경찰의 기세에 눌린 학생들은 흑인 구역으로 자리를 옮기기로 했다. 경찰에 체포되어 감옥에 가고 학교에서 쫓겨나 교육의 기회를 잃는 것보다는 그게 나은 선택이었다.

학생들이 줄지어 자리를 옮기는 동안 진은 그 모습을 옆에서 지켜보고 있었다. 이때 의사당 방호원이 다가와 진에게 어떻게 된 일인지 물었다. 진은 이 젊은 여성들은 주 의회가 어떤 일을 하는지 알아보러 온 스펠만대학교 학생들이라고 이야기했다. 그 방호원이 급히 사라지더니 몇 분 후 주 의회 의장이 방청석을 바라보며 다시 마이크를 잡았다. 그는 지나칠 정도로 상냥한 어조로 스펠만대학교 학생들의 참관을 환영한다고 말했다.

'사회과학 동아리'의 지도교수로서 진은 학생들을 데리고 현장

COLORED'S ONLY 흑인 전용

학습을 자주 나갔으며 학생들과 함께 여러 가지 프로젝트를 수행했다. 1959년 진은 동아리 학생들에게 사회의 변화를 이끌어낼 수 있는 프로젝트를 기획해보라고 했다. 한 학생이 공공도서관의 인종차별 정책에 맞서기 위한 아이디어를 내놓았다.

학교와 공공기관의 흑백차별을 금지한 1954년의 대법원 판결에도 불구하고 남부의 제도와 관습은 바뀌지 않고 있었다. '브라운 대 교육위원회 사건'의 판결은 연방 법률에 의거하여 통합을 의무화함으로써 이와 충돌하는 지방의 조례를 무효화했다. 이론적으로는 연방정부가 주정부의 흑백분리 정책을 법으로 막아야 했지만 그러한 변화를 법으로 강제하기는 쉽지 않았다. 사회를 바꾸기 위해서는 인종차별 제도에 맞서야 했고, 무엇보다 그러한 제도를 운영하는 사람들을 하나하나 변화시켜야 했다. 이론적으로 연방법은 그러한 변화를 시도하는 사람들의 편이었지만 오랜 세월 이어져온 관성은 낡은 관습의 편이었다. 증오, 두려움, 악의가 과거의 노예제에서 비롯된 낡은 억압체제를 유지하고 있었다.

공공도서관의 흑백분리는 법으로 금지되어 있었다. 하지만 흑인 전용으로 지정된 몇몇 도서관을 제외하고 애틀랜타의 공공도서관 대부분은 관행적으로 흑인들의 이용을 허용하지 않았다.

흑인 학생들은 변화를 이끌어내기 위해 행동에 나섰다. 그들은 백인 전용인 카네기 도서관에 가서 존 스튜어트 밀의 《자유론》, 토머스 페인의 《상식론》, 《독립선언문》 같은 자유와 평등을 주제로 한 출판물의 대출을 요구하기 시작했다. 그들은 대출 창구에서 거절당할 것임을 알고 있었다. 하지만 사서들은 교양이 있는 사람들이었고, 그들은 건국의 토대가 된 원리와 흑인들을 돌려보내는 관행 사이에서 모순을 겪으며 마음이 불편해졌다. 학생들은 도서관을 찾아가는 횟수를 늘렸고 사서들에게 연방법을 위반하는 차별행위에 대해 소송을 고려하고 있음을 경고했다. 당황한 도서관 측은 마침내 흑백분리 정책을 폐기하기로 결정했다.

카네기 도서관의 변화는 역사학자들이 주목할 만한 극적인 순간이 아니었

다. 그저 작은 승리
였을 뿐이다. 하지만 진의 생
각은 달랐다. 비록 역사는 기념비적인
사건에 초점을 맞추지만, 사회의 변화를 가져오는 것은 그
런 대단한 순간들이 아니라 커다란 변화를 향해 내딛는 수많은
작은 걸음들이었다.

　진은 흑백분리에 반대하는 시위와 집회에 점점 더 많이 참여했다. 이 시기
에 그는 경찰에 딱 한 번 체포되었는데 재미있게도 그것은 시위 때문이 아니
었다. 1959년 어느 추운 날, 진은 차를 몰고 가다가 거리에서 자신이 가르치
는 학생 한 명을 우연히 발견했다. 그 학생은 장학생으로 선발되어 파리에서
1년간 공부하고 돌아온 로즐린 포프였다. 진은 그녀를 기숙사까지 태워
주겠다고 했다. 두 사람이 기숙사 앞에 도착해 잠시
차 안에서 이야기를 나누고 있었을
때 갑자기 경찰차 한 대가 나
타났다. 경찰관은

그들에게 차에서 내려 체포에 응할 것을 요구했다. 진이 무슨 혐의로 체포하느냐고 묻자 경찰관이 대답했다. "검둥이 계집애를 차에 태우고 다니면서 혐의가 뭐냐고 물어요?" 경찰관은 두 사람을 경찰서로 연행해서 풍기문란 혐의로 유치장에 가두었다.

진은 법으로 한 차례 보장된 전화 통화를 하게 해달라고 요구했다. 경찰관은 손가락으로 공중전화를 가리켰다. 하지만 진은 동전을 하나도 갖고 있지 않았다. 다행히도 유치장에 있던 다른 사람이 동전을 건네주었다. 그런데 전화를 걸려고 보니 전화기의 선이 끊어져 있는 것이었다. 진은 단념하지 않고 끊어진 선을 양손으로 갖다 붙인 채 변호사에게 전화를 했다. 변호사가 도착하고 나서야 진과 학생은 풀려날 수 있었다. 경찰서를 나서면서 진은 자신이 프란츠 카프카의 소설 속에 살고 있다는 느낌이 들었다.

1960년 로즐린 포프는 스펠만대학교의 총학생 회장이 되었다. 남부 전역으로 시위가 번지면서 흑인들이 다니는 5개 대학 (모어하우스대, 클라크대, 모리스 브라운대, 신학센터대, 스펠만대) 학생들은 애틀랜타의 흑백분리에 맞서 싸우기 위한 행동을 준비했다. 후일 행동가이자 조지아 주 하원의원으로 유명해진 줄리안 본드와 미식축구 선수인 로니 킹이 다른 대학의 흑인 학생들과 접촉하며 운동을 조직화했다. 그러자 학생들의 행동 계획을 접한 각 대학의 총장들이 사태를 진정시키기 위해 나섰다.

총장들은 시위의 대안으로 학생들에게 그들의 요구사항을 〈애틀랜타 컨

스티튜션Atlana Constitution〉에 전면광고로 실을 것을 제안하면서 이를 위한 모금활동을 돕겠다고 약속했다. 학생들은 그 제안을 받아들였고 로즐린 포프가 전면광고에 실을 성명서를 작성하기로 했다. 총장들은 학생들의 불만을 잠시 누그러뜨릴 수 있었지만 사태는 아직 끝난 게 아니었다.

〈애틀랜타 컨스티튜션〉에 '우리는 인간으로서의 권리를 요구한다'라는 제목의 성명서가 실렸다. 총장들은 포프가 쓴 글의 수위를 예상하지 못하고 있었다. 포프는 성명서에서 독립선언문에 명시된 인간의 권리를 얻기 위해 모든 학생들이 몸과 마음을 모으고 있다고 밝혔다. 또한 독립선언문의 일부를 인용하면서 "우리는 법적으로나 도덕적으로 당연히 우리의 것인 권리들을 찔끔찔끔 얻기 위해 얌전히 기다리고만 있지 않을 것"이라고 선언했다. 성명서에는 완전한 평등권을 확보하기 위해 '모든 법적·비폭력적 수단을 동원할' 것이라는 내용도 담겨 있었다. 성명서 내용에 각 대학 총장들은 물론이고 조지아 주지사 어니스트 밴다이버는 분통을 터뜨렸다. 밴다이버는 그 성명서가 '반反국가적'이고 '학생이 쓴 글이 아닌 게 분명'하며 '국내에서 작성된 것 같지 않다'고 주장했다.

그즈음 반공산주의 청문회에서 조셉 매카시 상원의원은 정치적으로 큰 타격을 입었지만 여전히 많은 사람들의 삶이 공산주의 동조세력이라는 음해와 공격으로 파괴되고 있었다. 레드 콤플렉스는 다소 진정되었지만 공산주의에 대한 혐오는 여전히 기득권에게 위협이 되는 세력을 공격하는 손쉬운 수단으로 남아 있었다. 성명서가 국내에서 작성된 것 같지 않다는 밴다이버의 주장은, 학생들이 외국 공산주의 세력의 사주를 받고 있다는 말과 다르지 않았다.

하지만 학생들은 그런 위협에 무릎 꿇지 않았다. 오히려 밴다이버가 더 곤란한 상황에 맞닥뜨리게 되었다. 성명서가 신문에 게재되고 며칠이 지나 수백 명의 흑인 대학생들이 애틀랜타 시내에 있는 식당 열 군데에서 시위를 시작했다. 오전 11시, 수백 명의 학생들이 일제히 식당에 들어가 백인 전용 좌석에 앉았고, 나가달라는 식당 측의 요구를 거부했다.

14명의 스펠만대학교 학생을 포함하여 모두 77명의 학생이 경찰에 체포되었다. 체포 사유는 각각 최고 90년형이 선고될 수 있는 공동모의, 치안방해, 협박, 퇴거불응이었다. 하지만 당국은 너무 많은 학생들을 사법처리해야 하는 데 부담을 느꼈고 결국 학생들은 한 명도 재판에 회부되지 않았다. 그때 체포된 스펠만대학교 학생 중에는 훗날 미시시피 주 최초의 여성 변호사이자 아동보호기금의 설립자가 된 마리안 라이트도 있었다.

1960년 하워드 진 부부는 흑백분리에 항의하는 시위의 일환으로 애틀랜타의 리치 백화점에 있는 백인 전용 간이식당에서 흑인 대학생 두 명과 함께 커피를 마셨다. 지배인이 다가와 나가줄 것을 요구했지만 진 부부 일행은 거절했다. 지배인은 경찰이 오고 소란이 일어나 식당의 흑백분리 방침이 사람들의 주목을 받게 되는 것을 원치 않았다. 흑백분리는 조금씩 수치스러운 일이 되고 있던 것이다. 하지만 흑인들을 그냥 앉아 있도록 내버려둔다는 것은 오랜 관행상 도무지 받아들일 수 없었고 일부 백인 고객들을 불쾌하게 만들 수도

있었다. 결국 식당 측이 내린 결론은 아예 영업을 중
단하는 것이었다. 그들은 불을 모두 끄고 의자를 탁
자 위로 올리기 시작했다. 하지만 진 일행은 아
무 일도 없다는 듯이 여유롭게 커피를 마셨
다. 백인 고객들은 갑자기 영업을 중단하고
손님들을 내보내는 식당 측에 분개했다. 이
런 일이 몇 차례 반복되자 리치 백화점은
결국 흑백분리 방침을 철회했다.

진은 1960년대 애틀랜타 민권운동의 중
심에 늘 있었다. 이때의 경험으로 그는 세
상을 바꾸고 불의에 맞서 승리하는 민중의
힘에 경외심을 갖게 되었다. 그는 "안타까울
정도로 적은 수의 시위대라도
그들의 노력이 과소평가되어
서는 안 된다"고 말했다. 또한 "대
세를 거스르는 용기 있는 생각의 힘이 얼마나 강한
지는 측정할 수조차 없다"고 말하기도 했다.

49

해직

진은 그의 행동주의로 말미암아 끝내, 어쩌면 필연적으로 스펠만대학교에서 해직되고 말았다. 그가 해직되는 데 빌미가 된 사건은 1963년 봄에 일어났다. 그가 가르치던 허셀 설리번이라는 학생이 대학신문에 학생들에 대한 학교 측의 지나친 통제를 비판하는 글을 기고한 것이다. 설리번은 특히 대학 당국과 학생들의 관계를 '계몽적 전제주의'에 비유했다.

스펠만대학교의 총장 앨버트 맨리 박사는 자신을 '전제군주'에 비유했다는 사실에 분개했다. 하지만 스펠만대학교 역사상 최초의 흑인 총장인 맨리는 난처한 입장에 처해 있었다. 그는 자칫 백인들의 기득권을 옹호하는 세력으로 몰려 언제든 희생양이 될 수도 있었다. 위기감을 느낀 그는 질서를 회복하기 위한 조치를 강구하기 시작했다. 하지만 일련의 사건들에 의해 남부의 구습은 이미 변화하고 있었다.

맨리는 기고를 한 설리번과 그 글을 실은 학교신문 편집자들을 맹비난했다. 진은 설리번을 변호하는 장문의 편지를 써서 총장에게 보냈다. 진은 이 편지에서 자신은 강의 시간에 학생들에게 독립적으로 판단하고 억압에 용기 있게 맞서라고 가르쳤다고 말했다. 또한 그는 표현의 자유를 가로막으려는 학교 당국의 움직임은 인문학 교육의 가치를 훼손하는 것이라고 지적했다. 맨리는 진의 편지에 차가운 침묵으로 답했다. 다섯 명의 교수가 진이 쓴 것과 비슷한 내용의 편지를 보냈으나 맨리는 여전히 침묵으로 일관했다. 긴장이 고조되고 있었다.

학생들은 '빠르게 변하고 있는 세상'에 학생들이 더 잘 대비할 수 있도록 새로운 학풍을 조성해달라는 청원서를 대학 측에 제출했다. 총장의 권위에 도전하는 학생들의 태도에 화가 난 맨리 총장은 학교가 마음에 들지 않는 학생은 학교를 그만두라고 말했다. 또한 인쇄에 들어가기 전에 이 청원서를 지면에서 내릴 것을 대학신문 편집진에게 요구했다. 청원서 작성에 관여한 설리번은 대학 측으로부터 자질 미달로 장학금 신청이 거절되었다는 통보를 받았다.

학생들은 교수와 학생들이 한데 모여 이와 관련된 문제들을 논의하자고 제안했다. 열두 명의 교수가 회의에 참석했으나 총장은 나타나지 않았다. 이후 총장이 주재하는 교수 회의에서 진은 앞선 회의 당시 학생들의 발언 내용이 녹음된 테이프를 가지고 와서 학생들의 불만을 직접 들어보자고 제안했다. 그러나 총장은 이를 거절했다. 진은 사태 수습을 논의하기 위해 다시 총장실을 찾아갔다. 맨리 총장은 꿈쩍도 하지 않았다. 맨리는 진이 학생들을 선동한다고 믿었고 진 같은 사람이 없어지면 학생들이 그런 식으로 행동하지 않을 것이라고 생각했다.

두 달 후, 학기가 끝나고 가족들과 함께 북부에서 여름휴가를 보내고 있던 진은 임용 재계약이 취소되었다는 총장 명의의 편지를 받았다. 진의 교수직은 정년이 보장되어 있었다. 하지만 학교 측을 상대로 한 소송은 많은 비용과 시간을 들여야 하는 힘든 싸움이 될 것이었다. 학교 측은 진의 대응을 막으려는 의도로 1년 치 연봉을 지급하겠다고 제안했다. 진은 그 제안을 받아들이고 학교를 떠나기로 했다. 학교 측과 타협을 함으로써 진은 1년간 글쓰기에 집중할 시간을 벌었다. 후일 이 사건을 조사한 전미대학교수협의회는 스펠만대학교가 진의 학문적 자유를 침해했다는 결론을 내렸다.

진과 앨리스 워커

스펠만대학교에 재직하는 동안 진이 남긴 값지고 영속적인 유산 가운데 하나는 앨리스 워커라는 학생과의 우정이었다. 훗날 작가가 된 워커는 《컬러 퍼플The Color Purple》로 풀리처상을 받았으며 그 밖에도 많은 소설과 시, 수필을 통해 대중의 사랑을 받았다. 그녀는 조지아 주 이튼타운의 집을 떠나 스펠만대학교에 입학했다.

진은 장학생으로 입학한 신입생들의 환영만찬에서 우연히 워커의 옆자리에 앉게 되었다. 그들은 처음부터 죽이 잘 맞았고 이후 평생의 친구가 되었다. 워커는 진의 러시아사 강좌를 수강 신청했는데, 진은 학생들에게 고골리, 체호프, 도스토예프스키, 톨스토이의 고전을 읽게 했다. 도스토예프스키와 톨스토이에 대해 워커가 제출한 에세이를 읽고 진은 그녀가 훌륭한 작가로 성장할 만한 역량을 지니고 있음을 알아보았다. 진은 "그토록 세련되고 우아한 문체의 에세이는 거의 읽어본 적이 없다"고 말했다.

워커는 민권운동 시위가 확산되던 시기에 입학했고 이내 민권운동 그룹의 일원이 되었다. 워커는 진을 자주 찾아가는 학생이었다. 그리고 진이 해직된 직후 그녀도 학교를 그만두었다. 그녀는 진에게 보낸 작별 편지에 이렇게 썼다. "이제 이곳에서 제가 할 일은 아무것도 없어요."

워커는 진에 대해 이렇게 말했다. "저의 선생님이자 조언자였고 급진적인 역사학자이자 사람을 사랑하는 '말썽꾼'이었던 이 겸손한 영웅에게 제가 느끼는 사랑과 존경을 어떻게 말로 다 표현할 수 있겠어요? 그분은 늘 우리 편이었고 우리의 고통을 함께 나누었습니다. 하워드 진은 제가 아는 최고의 선생님이자 가장 익살스러운 분이었습니다. 그분은 역사를 가르치는 동시에 역사를 만들었고, 특히 젊은이들에게 희망을 주기 위해 자신의 많은 부분을 내어 주었습니다."

SNCC

1960년 학생비폭력조정위원회SNCC가 결성된 직후부터 진은 이 단체의 고문으로 학생들을 도왔다. SNCC는 애틀랜타에서 백인 식당 시위를 조직했던 학생들이 노스캐롤라이나 주 롤리에 있는 쇼대학교에서 모여 결성한 단체였다. SNCC 학생들은 두 명의 고문을 두기로 하고 그중 한 자리를 진에게 제안하면서 집행위원회에 참여해줄 것도 부탁했다. 진은 점차 거세지는 민권운동에 깊이 참여하게 되었다.

1962년 여름, 진은 남부지역평의회Southern Regional Council라는 애틀랜타의 진보단체로부터 연구 프로젝트를 의뢰받았다. 그는 조지아 주 올버니 지역을 수 개월간 혼란에 빠뜨린 인종갈등에 대해 조사했다. 빌 한센이라는 백인 민권운동가가 체포되어 다른 백인 수감자가 있는 감방에 수감되었는데, 교도관들은 그 백인 수감자에게 한센이 남부를 '손보기 위해' 북부에서 온 사람이라고 알려주었다. 그 말은 한센에게 폭력을 행사하더라도 눈감아주겠다는 암시였고 그 수감자는 교도관들의 의도를 알아챘다. 어느 날 한센이 감방 바닥에 앉아 신문을 읽고 있을 때 그 감방 동료가 한센을 공격했다. 한센은 정신을 잃을 때까지 구타당했고 입술이 찢어지고 턱뼈와 갈비뼈가 부러지는 중상을 당했다. 그날 오후 한센에게 일어난 일을 알아보기 위해 보안관 사무실을 찾아간 젊은 흑인 변호사 C. B. 킹은 올버니의 정의가 무엇인지 온몸으로 경험했다. 보안관은 곤봉으로 킹의 머리를 내리쳤다. 얼굴이 피범벅이 된 채 보안관 사무실을 빠져나온 킹은 비틀거리는 걸음으로 길을 건너 경찰서를 찾아갔다. 경찰서장 로리 프리쳇이 의사를 불러 그를 치료하게 했다.

올버니 시 도허티 카운티의 보안관 컬 캠벨은 남부의 가장 추악한 인종차별주의가 뼛속까지 박혀 있는 인물이었다. 그는 자신의 인종적 편견과 증오를 숨기려고 하지도 않았다. 그는 앞뒤 가리지 않고 폭력을 휘둘렀다. 그의 사무실을 찾아간다는 것 자체가 무모한 행동일 수 있었다. 몇 주 후 진은 한센과 킹 사건을 조사하기 위해 보안관 사무실을 찾아갔다.

진이 면담을 요청하자 캠벨은 그를 사무실 구석으로 데리고 갔다. 캠벨은 진을 노려보며 말했다. "당신도 그 빌어먹을 검둥이들 편이오?" 진은 킹에게 일어난 일에 대해 설명해달라고 단도직입적으로 말했다. 캠벨이 대답했다. "내가 그 개자식 대갈통을 후려쳤소. 난 앞으로도 똑같이 할 거요. 내가 그 개자식에게 알려주고 싶었던 건 나는 백인이고 그 자식은 빌어먹을 검둥이라는 거요."

진은 길을 건너 경찰서장 로리 프리쳇을 찾아갔다. 캠벨과 프리쳇은 이를테면 한 사람은 악역을, 다른 한 사람은 좋은 경찰 역할을 하는 관계였다. 캠벨이 물불 안 가리고 곤봉을 휘두르면 프리쳇이 의사를 불러서 뒤처리를 하는 식이었다. 제도화된 인종차별은 극도로 폭력적이며 추악했다. 임신 6개월인 킹의 처제는 아이 셋을 데리고 유치장에 갇힌 지인에게 음식을 가져다주러 갔다가 부보안관에게 실신할 때까지 구타를 당해 유산을 하기도 했다.

진은 프리쳇에게 왜 캠벨을 폭행 혐의로 체포하지 않았느냐고 물었다. 프리쳇은 미소만 지을 뿐이었다. 그들은 악수를 하며 헤어졌다. 진이 서장실을 나설 때 다음 민원인이 들어왔다. 그는 마틴 루터 킹이었다. 진과 킹은 서로 인사를 나누었다. 애틀랜타가 고향인 마틴 루터 킹과 진은 민권운동을 하면서 서로 안면이 있는 사이였다.

올버니에서 일어난 일에 대해 진이 남부지역평의회에 제출한 보고서는 〈뉴욕타임스〉 1면에 소개되었다. 〈네이션〉도 '케네디, 미적지근한 노예해방론자'라는 제목의 기사에서 진의 보고서를 소개했다. 두 기사는 엄청난 논란과 분노를 일으켰다. 기자들이 마틴 루터 킹에게 〈네이션〉의 기사 내용에 동의하느냐고 묻자, 그는 그렇다고 대답하면서 FBI의 제도화된 인종차별을 언급했다. 자신에 대한 비판을 결코 받아들이지 않으며 폭군처럼 FBI를 이끌던 J. 에드가 후버 국장은 마틴 루터 킹의 발언에 격분했다. 사실 진은 인종차별과 관련하여 FBI뿐만 아니라 법무부와 백악관도 비판했다. 하지만 언론은

내가 늘 옳다는 사실을 당신들은 받아들이는 게 좋을 거야….

J. 에드가후버

오로지 FBI에 대한 킹의 비판에 초점을 맞추었다. 후버는 이를 갈면서 도청과 미행으로 킹을 괴롭히기 시작했다.

진과 마틴 루터 킹

2002년 진은 데이비드 버사미언과의 인터뷰에서 마틴 루터 킹과의 개인적 인연에 대해 이야기했다. 두 사람 모두 애틀랜타의 끈끈한 흑인 공동체와 밀접한 관련을 맺고 있었기 때문에 다양한 행사와 시위에서 서로 마주칠 수밖에 없었다. 진은 개인적으로 만나본 킹의 인상과 대중연설을 할 때의 킹이 모습이 사뭇 다르다고 말했다. 진은 킹이 '매우 차분한' 사람이었다고 회상했다.

일상적인 대화를 나눌 때 킹은 대화를 주도하려 하거나 떠들썩하게 이야기하는 사람이 아니었다. 진은 킹이 "매우 조용하고 겸손하며 사려 깊고 신중한 사람이었으며 개인적으로 만날 때는 카리스마 있는 지도자의 모습을 내비치지 않았다"고 말했다.

한편 진은 비폭력에 대한 킹의 신념이 잘 못 이해되는 경우가 많다고 했다. 킹이 암살을 당했기 때문에 순교자로 기억하는 사람들이 많지만, 그가 한 일들에 비추어 그의 희생은 부차적인 사실이며 핵심이 아니라는 것이다. 킹은 "대의를 위해 기꺼이 고통을 감내한" 사람이라는 점에서 순교자가 아니다. 그는 행동하는 사람이었고 자신의 행동에 따르는 고통과 위험을 기꺼이 받아들인 용기 있는 사람이었다.

비폭력은 적극적인 행동입니다!

비폭력에 대한 신념을 묻는 사람들에게 킹은 그 주제를 절대론적인 관점에서 이야기하고 싶지 않다고 말했다. 사람들은 "만일 목사님의 부인이 공격을 당하면 어떻게 하실 건가요?"라고 묻고는 했다. 그때마다 킹은 이렇게 대답했다. "그런 상황에서 제가 어떻게 할 것인지는 저도 잘 모릅니다. 다만 오늘날 우리가 겪고 있는 구체적인 상황에 대해 제가 어떤 생각을 하고 있는지는 말씀드릴 수 있습니다." 그는 여러 차례의 투옥을 담담히 받아들였다. 그것이 자신의 행동에 대한 정당한 처벌이라고 생각했기 때문이 아니라 투옥되는 것조차 행동의 일부라고 믿었기 때문이다.

오늘날의 미디어는 "나에겐 꿈이 있습니다"라고 말한 온화한 사람으로 킹을 재포장하고 있지만 사실 그는 소극적인 사람이 아니었다. 진은 간디도 마찬가지였다고 말한다. 남부의 민권운동에 참여한 사람들이 사용한 용어는 단순한 '비폭력'이 아니라 '비폭력적 직접행동'이었다. 그들의 행동은 소극적이지 않았다. 그들은 매우 적극적이었으며 심지어 공격적이기까지 했다. 다만 폭력적이지 않았을 뿐이다. 억압적인 기득권 세력에 맞서야 한다면 과감하게 행동에 나서되 비폭력적으로 해야 한다는 것이 그들의 행동원리였다. 폭력에 관해서라면 기득권 세력이 더 잘 알고 있으며 폭력을 더 큰 폭력으로 되갚아주는 법도 그들이 더 잘 안다. 반면 비폭력은 기득권 세력이 폭력을 사용하지 못하도록 한다. 폭력의 사용을 세상에 알릴 사람들이 지켜보고 있는 한 기득권 세력은 움츠러들기 때문이다.

앨라배마 주 셀마를 찾아가다

1963년 진은 SNCC와 함께 앨라배마 주 댈러스 카운티의 셀마를 방문했다. 셀마는 남북전쟁 전에는 노예시장이 있던 곳이다. 하지만 노예제도가 폐지된 이후에도 린치는 흔히 일어났다. 흑인들은 1963년 셀마 인구의 57%를 차지하고 있었지만 백인들은 흑인들의 투표를 막음으로써 지방권력을 단단히 쥐고 있었다. 진이 셀마에 도착했을 때 흑인들 가운데 투표인으로 등록된 사람은 1%에 불과했다. 흑인이 투표인 등록을 하려면 지방정부가 만들어놓은 수많은 장애물을 넘어야 했다. 먼저 신청서를 제출하고 긴 설문지를 작성한 다음 구두시험을 통과해야 했다. 흑인이 치르는 구두시험 내용은 비현실적일 정도로 어렵고 모욕적이었다. 예컨대 구두시험에는 '미합중국의 헌법을 요약하시오.' 같은 질문도 있었다.

투표 용지

BALLOT

1963년 10월, 진이 도착했을 때 셀마에서는 투표권을 얻기 위한 흑인들의 투쟁이 격렬하게 벌어지고 있었다. 흑인 교사 32명이 투표권을 요구했다가 학교에서 해직되었다. SNCC의 존 루이스는 피켓 시위를 주도한 혐의로 경찰에 체포되었다. 또한 SNCC 소속 학생들을 포함한 많은 사람들이 경찰의 야만적인 폭력에 크고 작은 부상을 당했다. 갈등은 거리의 충돌로 이어졌다. 만일 어떤 흑인이 투표권을 행사하려고 한다면 셀마의 백인 기득권층은 그가 목숨을 내놓았거나 곤봉에 머리가 깨질 각오를 한 것으로 간주했다.

SNCC는 10월 7일을 '자유의 날'로 선포했다. 그들은 이날 흑인 수백 명의 투표인 등록을 시도할 예정이었다. 코미디언이자 작가인 딕 그레고리는 어느 교회 모임에서 백인 인종차별주의자들을 앞에 두고 용기 있게 연설을 했다. 그의 아내가 셀마에서 벌어진 시위에 참가했다가 경찰에 체포된 직후의 일이다. 소설가 제임스 볼드윈 역시 단호하고도 감동적인 글로 연대의 뜻을 밝혔다. 셀마는 더 이상 백인 우월주의자들이 살인과 잔혹행위를 저지르고도 처벌을 피할 수 있는 외딴 섬이 아니었다. 세계가 지켜보고 있었다. 20세기의 미디어가 19세기의 앨라배마로 몰려들었다. 소수의 민권운동가들이 벌인 용기 있는 저항 덕분에 셀마는 억압에 맞서는 투쟁의 상징적인 장소로 온 세상에 알려지게 되었다. 낡은 질서와 새로운 유형의 활동가들이 충돌할 순간이 다가오면서 점차 긴장이 고조되었다.

'자유의 날'이 밝았다. 진은 현장을 지키며 시시각각 전개되는 상황을 기자처럼 꼼꼼히 기록했다. 오전 9시 30분, 댈러스 카운티 지방법원 앞에서 투표인 등록을 위해 흑인 수백 명이 줄을 서기 시작했다. 보안관이 소집한 보안대가 총과 곤봉으로 무장한 채 그들을 지켜보고 있었다. FBI 요원 네 명과 법무부 소속 변호사 두 명도 현장을 살피러 나와 있었다. 모든 미국인의 투표권을 보장하는 연방법을 집행하는 것이 그들의 의무였다. 하지만 그때까지 연방정부는 낡은 질서에 대처하려는 노력을 거의 기울이지 않았다. '자유의 날' 같은 행동이 계획된 배경에는 연방법의 정당한 집행을 미루고 있는 정부의 직무유기를 여론에 알리고 정부 관리들이 즉각 행동에 나서도록 압박하려는 이유도 포함되어 있었다.

보안관 한 명과 부보안관 세 명이 길을 건너 SNCC에 소속된 두 명의 학생에게 다가갔다. 학생들은 '투표인 등록을 합시다!'라고 적힌 피켓을 들고 연방정부 청사 계단에 서 있었다. 법무부 소속 변호사들이 지켜보는 가운데 보안관은 학생들을 불법집회 혐의로 체포했다.

투표인 등록을 위해 늘어선 줄은 움직임이 거의 없었다. 줄이 움직이는 속도가 너무 느려서 이대로라면 줄을 선 사람들 모두 투표인 등록을 하는 데 몇 년이 걸릴 지경이었다. 정오가 되자 댈러스 카운티 지방법원은 점심식사를 위해 업무를 잠시 중단한다고 발표했다. 그때까지 투표인 등록 절차를 완료한 사람은 하나도 없었다. 몇 시간 동안 서 있던 사람들은 배가 고프고 목이 말랐다.

총과 곤봉으로 무장한 경찰 병력 40명이 증파되었다. 현장에는 연방정부 공무원 네 명이 남아 있을 뿐이었다. 하루 전 SNCC 사무총장 짐 포먼은 투표인 등록 현장에서 충돌이 우려된다는 내용의 전보를 법무부에 보냈으나 아무런 답변도 듣지 못했다. 줄은 움직이지 않고 사람들은 배가 고픈 상황에서, 짐 포먼과 아멜리아 보인턴이라는 흑인 여성이 보안관에게 다가가 줄을 선 사람들에게 물과 음식을 가져다주고 싶다고 말했다. 보안관은 "어떤 형태로든 줄을 선 사람들에게 접근해서는" 안 되며 그들에게 물이나 음식을 건네려고 시도할 경우 체포하겠다고 경고했다. 포먼과 보인턴은 기자들에게 상황을 설명한 뒤 법무부 소속 변호사들에게 도움을 요청했다.

오후 2시, 진은 법무부 변호사에게 다가가 연방정부 공무원으로서 보안관에게 음식 제공을 허용하라고 말하지 않는 합당한 이유가 있는지 물었다. 변호사는 줄을 선 사람들에게 음식 제공을 불허할 법적 근거가 없다는 사실은 인정했지만 보안관에게 그렇게 요청할 의사는 없다고 말했다. 워싱턴의 케네디 행정부와 법무부가 원치 않을 것이라는 게 이유였다.

경찰의 제지로 전달하지 못하고 있는 음식을 쇼핑카트에 담은 채 줄곧 대기 중인 두 명의 SNCC 소속 학생들이 있었다. 그들은 경찰의 명령을 무시하기로 결정했다. 진과 기자들, 시민감시단과 지지자들이 카트를 미는 학생들

과 함께 지방법원 건물을 향해 움직이기 시
작했다.

경찰 지휘관은 일행을 향해 물러서라고 소
리쳤다. 하지만 음식을 담은 카트는 줄을 선
사람들을 향해 계속 나아갔다. 그러자 경찰

들이 일제히 달려들어 두 명의 학생을 에워싸더
니 사진기자들의 시야를 가린 채 소몰이용 전
기막대로 학생들을 찌르고 죄수 호송차에
강제로 태웠다. 이어서 경찰들은 법원 건
물로 향하던 일행에게도 폭력을 행사했
다. 경찰은 어느 사진기자의 카메라를 곤
봉으로 내리친 후, 근처에 세워져 있던 차
량으로 거칠게 몰아세웠다. 이 과정에
서 기자의 셔츠가 찢어졌고 입가에 피
가 흘렀다.

진과 제임스 볼드윈은 연방정부
청사에 있는 FBI 지국을 찾아
가서 명백한 불법을 저지

르고 있는 경찰관들을 왜 체포하지
않느냐고 항의했다. 헌법을 가
르치는 사람으로서, 진은 법
을 집행하는 사람이 시민의
평등권을 박탈하는 경우 벌
금형이나 징역형에 처해질
수 있다는 것을 알고 있었다.
FBI 직원은 그런 상황에서 경찰
들을 체포할 권리가 자신에게
없다고 말했다. 진은 위법이
저질러지고 있을 때 FBI는
영장 없이 용의자를 체포할
권리가 있다고 규정한 법률
조항을 인용하며 그의 말
을 반박했다.

그날 밤 활동가들은 한 교
회에 모여 낮에 벌인 투쟁을 자
축했다. 사실 변한 것은 거의 없었
다. 인종적 평등을 가로막는 높은 벽
은 무너지지 않았다. 셀마에서 투표인
으로 등록된 흑인의 비율은 여전히 1%였다. 하지만 350명의 흑인들이 온갖
위협에도 굴복하지 않고 투표할 권리를 주장한 것은 전례가 없는 일이었다.
그날의 저항은 작은 한 걸음에 불과했고 진정한 진보를 위해서는 그와 같은
수많은 걸음들이 필요했다. 그럼에도 자축할 이유는 충분했다. 이제까지의
역사가 말해주듯, 차별의 벽은 반드시 무너지게 되어 있었다. 또한 커다란 변
화는 수많은 개인의 작은 행동들이 모여서 만들어지는 것이었다.

진은 그날의 투쟁을 설명하는 글을 《뉴리퍼블릭》에 기고했다. 이 글은 법
무부를 발칵 뒤집어놓았다. 법무부의 인권국장은 《뉴리퍼블릭》에 강한 유감

을 표하는 서한을 보내 평등권은 법
정에서 다룰 문제이며 법무부는 셀
마에서 일어난 사건들의 재판을 주
시하고 있다고 말했다.

1965년, 진은 다시 셀마를 찾았다.
그사이 적지 않은 변화가 있었다. 인종
차별 반대시위를 폭력적으로 진압하고 많
은 사람들을 체포한 당국을 향해 국제적인 비
난 여론이 들끓었다. 여론은 백인 목사에 의한
폭행치사 사건, 흑인에 대한 총격 사건, 그리고
수많은 폭행 사건들을 주목했다. 린든 존슨 대
통령은, 평등권을 외치며 셀마에서 몽고메리
까지 72㎞를 행진하는 시위대를 보호하기
위해 주 방위군을 파견했다.

진은 《네이션》에 특별 기고를 의뢰
받아 남부 일대를 돌아다니며 남
북전쟁 이후 100년간의 변화
를 취재했다. 그는 버지
니아 주의 린치버그,
사우스캐롤라이나 주
의 존스아일랜드, 미시
시피 주의 비키버그를 거
쳐 셀마에 도착해 몽고메
리로 향하는 행진에 동참했다.
3000명이었던 참가자의 숫자는 행진이 계속되면서 점점 불어났다. 행진은 주
방위군의 보호 아래 한 사람의 사상자도 없이 무사히 끝났다. 그때까지의 투
쟁과 유혈사태, 그리고 무고한 죽음들은 결코 헛된 것이 아니었다.

저술가로서의 새로운 이력

1956년부터 1963년까지 스펠만대학교 사학과 학과장으로 재직하는 동안 진은 학교 밖에서도 학문적 탐구를 이어갔다. 그는 1958년 컬럼비아대학교에서 박사학위를 받았고, 1960년부터 이듬해까지 하버드대학교 동아시아연구센터 선임 연구원을 지냈으며, 1961년부터 2년간 애틀랜타대학교 비서구권연구센터에서 연구를 이끌었다. 강의와 논문 집필을 병행하면서 1957년과 이듬해 여름에는 콜로라도 주 덴버에서 역사 강의에 다큐멘터리 영화를 접목시키는 방법에 대해서도 연구했다.

훗날 수많은 언론 기고문과 에세이, 책을 쓴 그의 집필 활동은 스펠만대학교에서 학생들을 가르치던 시절 시작되었다. 진은 1934년부터 1945년까지 3선 뉴욕 시장을 역임한 피오렐로 라과디아가 시장에 당선되기 전 하원에서 벌인 의정활동을 주제로 박사학위 논문을 썼다. 전미역사학회는 〈재즈 시대의 양심: 라과디아의 의정활동〉을 우수 논문으로 선정하고 이 논문이 코넬대학교 출판부에서 단행본으로 출간되도록 후원했다. 이 책은 진의 첫 번째 출판물이 되었다.

1959년 《하퍼스》는 진의 기고문을 처음으로 지면에 실었다. '통합보다 비참한 운명'이 제목이었다. 그리고 이 기고문은 후일 《남부의 비밀The Southern Mystique》이라는 책을 쓰는 데 토대가 되었다.

미시시피 주 그린우드

하워드와 로즐린 부부는 1963년 SNCC와 공동연구를 하기 위해 미시시피로 갔다. 그런데 진이 말했듯이 '연구'라는 단어는 그곳에서 실제로 행한 일에 비추어 보면 대단히 중립적으로 들린다. 진은 바로 이 시기에 역사를 기록하는 일에 어떻게 기여해야 하는지 고민하기 시작했다. 주류 역사학이 진정으로 역사를 만들어내는 대다수 보통사람들의 투쟁을 외면하고 소수의 상징적 인물이나 사건에만 초점을 맞춘다는 사실에 주목하게 된 것도 이때 일이다.

흑인을 동등한 시민으로 인정하는 것에 대한 남부의 거부감은 극심했다.

그리고 그러한 거부감이 사그라지기까지 많은 이들이 목숨을 잃거나 잔혹행위를 당해야 했다. 1960년대 초 흑인은 미시시피에서 투표인 등록을 시도하는 것만으로도 목숨을 걸어야 했다. 셀마에서 그랬던 것처럼 인종차별주의자들은 흑인이 정치적 힘을 갖게 되는 것을 어떻게든 막으려 했다.

진은 연한 갈색 피부의 밥 모제스라는 흑인 청년을 알게 되었다. 할렘 출신의 모제스는 지역 활동가들과 함께 흑인들의 인권 신장과 투표인 등록을 지원하기 위해 미시시피에 와 있었다. 그는 민권운동을 벌인다는 이유로 칼에 찔리거나 구타를 당한 일이 있었고 살해 위협과 투옥도 겪었다. 모제스는 백인에게 살해된 어느 흑인의 검시를 참관했던 경험을 진에게 이야기했다. 살해된 흑인은 아이가 아홉 딸린 아버지였다. 그는 어느 백인과 언쟁을 벌이다가 머리에 총을 맞고 사망했다. 한 흑인 목격자가 그 총격이 정당방위였다는 진술을 하면서 백인 용의자는 무혐의로 풀려났다. 나중에 그 목격자는 진술을 번복하고 사건의 진실을 이야기했다. 그것은 냉혹한 살인이었다. 진술을 번복한 뒤 그 목격자는 자신의 집 앞마당에서 세 발의 총탄을 맞고 사망했다. 이 사건은 흑인 공동체에 공분을 일으켰다. 100명이 넘는 흑인 고등학생들이 거리로 쏟아져 나왔다. 항의시위를 벌인 학생 다수가 경찰에게 폭행을 당했고 일부는 투옥되었다.

진의 새로운 친구들 중에는 샘 블록이라는 흑인 청년도 있었다. 미시시피 주 어느 소도시에서 건설 노동자의 아들로 자란 그 역시 흑인들의 권리 회복을 위해 활동하고 있었다. 그가 민권운동에 도움을 요청하려고 흑인 거주 지역을 돌아다니며 집집마다 문을 두드릴 때 경찰은 그의 뒤를 바짝 쫓아다니며 사람들이 두려움에 문을 열지 못하도록 했다. 그는 갑자기 나타난 세 명의 백인들로부터 구타를 당하기도 했고, 달려드는 트럭을 가까스로 피해 목숨을 건진 일도 있었다.

블록은 강도 혐의로 기소된 열네 살 흑인 소년의 무죄를 주장하며 싸우기도 했다. 소년은 사건이 일어난 그 시각 목화밭에서 일하고 있었다고 주장했지만 경찰은 무작정 소년의 옷을 벗기고 그를 콘크리트 바닥에 내동댕이친 뒤 채찍과 주먹, 곤봉으로 무자비하게 구타했다. 블록은 소년으로부터 받은 진술서와 그의 몸에 남은 상처 사진을 법무부에 보냈다. 이것이 경찰을 자극했고 거리의 충돌은 더욱 격렬해졌다. 하지만 이 일로 지역의 흑인들은 더욱 뭉치게 되었다. 많은 흑인들이 SNCC 집회에 참여하기 시작했고 투표인 등록에 나서는 사람들도 많아졌다. 그들에 대한 공격은 계속 이어졌다. 어느 날 블록과 SNCC 회원 두 명이 사무실에 남아 늦은 시각까지 일을 하고 있을 때, 한 무리의 백인들이 총과 쇠사슬을 들고 사무실에 난입했다. 블록과 SNCC 회원들은 창문을 통해 탈출한 뒤 옆 건물 지붕으로 도망을 갔다.

흑인들의 집과 자동차에 총알이 날아들었고 맹견이 시위대를 공격했으며 끔찍한 위험이 계속되었다. 하지만 그 어떤 것도 권리를 요구하는 흑인들의 주장을 막지는 못했다. 저항이 거세질수록 더 많은 흑인들이 운동 대열에 동참했다.

1964년 SNCC는 전국유색인지위향상협회NAACP, 인종평등회의CORE, 남부 기독교지도자협의회SCLC와 함께 미시시피의 그해 여름을 '자유의 여름'으로 선포했다. 하워드와 로즐린은 그해 여름을 미시시피에서 보냈다. 로즐린은 미시시피 주 잭슨 카운티에 있는 SNCC 사무실에서 일했고 하워드는 '자유학교'에서 흑인 어린이들을 가르쳤다.

하워드는 자유의 여름이 지나고 나면 미시시피는 결코 이전과 같을 수 없으리라 확신했다. 그때까지도 흑백분리 정책은 폐기되지 않았고 인종차별의 뿌리는 뽑히지 않고 있었다. 그러나 남부에서는 커다란 변화가 일어나고 있었다. 차별의 낡은 체제가 무너지고 새로운 세상이 열리고 있는 게 틀림없었다. 세월이 흘러 진이 미시시피에서 함께 싸운 이들을 다시 만났을 때 그들은 당시의 참혹함을 회상하면서도 그때가 그들의 삶에서 가장 빛나는 시절이었다는 사실에 동의했다.

보스턴으로

스펠만대학교에서 해직된 후 진은 민권운동에 적극적으로 뛰어들었다. 동시에 그는 민권운동에 대한 책 두 권을 새로 썼고 《뉴딜정책에 대한 단상New Deal Thought》을 고쳐 썼다. 이 책에서 진은 뉴딜정책을 재평가하면서 그것이 올바른 방향을 향한 진일보였으되 그것만으로 충분하지는 않았다고 기술했다.

새 일자리를 찾아 진은 예전에 남부의 현실에 대해 강의한 적이 있는 보스턴대학교에 연락을 했다. 보스

턴대학교 정치학과가 그를 초빙했다. 그는 첫 가을학기에 '시민의 자유'라는 강좌를 개설했고, 이듬해 봄학기에는 '정치학 개론'을 개설했다. 두 강좌에는 각각 200명과 400명의 학생들이 강의실을 가득 메웠다.

이론서가 너무 따분하다고 생각한 진은 학생들에게 문학작품을 참고하도록 했다. 그가 추천한 책들 중에는 아서 밀러의 《시련The Crucible》, 론 코빅의 《7월 4일생》, 리처드 라이트의 《흑인 소년Black Boy》, 달톤 트럼보의 《자니, 총을 얻다Johnny Got His Gun》 등이 있었다. 그의 강의는 즉흥적이었다. 그는 주석과 인용문의 출처가 빽빽하게 적힌 종이 더미를 강의실에 들고 들어와서 준비해온 자료를 토대로 자유롭게 이야기를 시작하곤 했다. 진은 학생들의 성적을 매기는 일에는 관심이 없었다. 배우려는 뜻이 있는 학생은 배울 것이고, 관심이 없는 학생은 배우는 게 없을 것이라고 생각했다. 그는 곧 보스턴대학교에서 가장 인기 있는 교수 가운데 한 사람이 되었다.

전쟁과 반전운동

1960년대 중반은 한 세계가 소멸하고 새로운 세계가 태어나는 격동의 시기였다. 진이 스펠만대학교에서 해직된 1963년은 존 F. 케네디 대통령이 암살된 해이기도 했다. 대통령의 암살은 이후 펼쳐질 폭력의 10년을 예고하는 사건이었다. 케네디 대통령은 1961년과 1963년 사이 해외에 파견한 군사고문단 규모를 600명에서 1만6000명으로 크게 늘렸다. 하지만 그는 생각이 바뀌어 군사고문단을 철수시키라는 명령을 내렸다. 1963년 11월 22일 댈러스에서 케네디가 총탄에 쓰러진 뒤, 린든 존슨 부통령이 대통령직을 승계했다. 그는 베트남에서 1만 명의 군사고문단을 철수시키라는 케네디의 명령을 뒤집고 오히려 베트남에 전투부대 1진을 파병했다. 이 결정은 1970년대까지 이어진 전쟁의 서곡이었으며 미국 사회에 깊은 균열을 일으키는 시발점이 되었다.

한편 인종차별에 맞선 싸움에는 큰 진전이 있었다. 진이 보스턴대학교에서 강의를 시작한 1964년, 존슨 대통령은 케네디가 의회에 제출한 민권 법안의 통과를 추진했다. 이 법안은, 헌법에 보장되어 있으나 실제로 흑인들에게 주어지지 않고 있던 권리들을 재확인하는 내용을 담고 있었다. 이 법안을 제정

한 목적은 "모든 미국인
에게 공평한 투표권을 부
여하는" 것은 물론이고 "호
텔, 식당, 극장, 소매점, 기타
유사한 공공시설을 동등하게 이용할 권리를 부여하는" 데 있었다.

1964년 의회를 통과한 민권법Civil Rights Act은 1957년의 민권법에서 주로
투표권과 관련된 부분을 구체화했다. 새 법안은 모든 미국인이 헌법상의 권
리를 행사하도록 정부가 의무적으로 지원해야 한다는 점을 더욱 명시적으로
규정했다. 이는 평등권을 국법으로 규정하고 모든 사람들에게 평등권에 대한
새로운 차원의 인식을 제공했다는 점에서 기념비적인 사건이었다. 이로써 인
종문제의 첨예한 갈등도 다소 가라앉았다. 한편 베트남전쟁이 점차 수면 위
로 떠오르며 가장 긴급한 민권문제로 등장했다. 식당에 들어가서 앉을 권리
가 거부되는 것도 문제였지만, 아무도 그 이유를 명쾌하게 설명해주지 않음
에도 누군가를 죽이거나 자신이 죽어야 한다는 것은 훨씬 끔찍한 일이었다.

민권법이 통과된 그해, 존슨 대통령은 베트남전쟁에 뛰어들 구실을 찾기 위해 통킹만 사건을 조작했다. 정부는 '일상적인 초계 임무'를 수행 중이던 미 해군 구축함이 공격을 받았다고 발표했다. 하지만 실제로 공격을 받았다는 증거는 어디에도 없었다. 또한 그것은 일상적인 초계 임무가 아닌, 미 본토에서 수천 마일 떨어진 외국 영해에서 벌인 첩보활동이었다. 존슨 대통령은 이 사건을 명분으로 의회로부터 베트남 침공을 본격화할 수 있는 폭넓은 권한을 부여받았다.

당시 진은 통킹만 사건에 대한 정부의 발표가 사실인지 확인할 방법이 없었다. 하지만 그는 이 사건과 연관된 역사를 잘 알고 있었다. 제2차 세계대전 후 프랑스군이 옛 식민지였던 베트남에 다시 진주하자 미국은 프랑스군에 전폭적인 군사원조를 제공했다. 군사적 승리가 어렵다는 사실을 깨달은 프랑스가 마침내 베트남을 포기하자 미국은 기다렸다는 듯이 베트남에 발을 들여놓았다. 베트남에는 석탄, 철광석, 주석, 구리, 납, 아연, 니켈, 망간, 티타늄, 텅스텐, 보크사이트, 인회석, 운모, 규사, 석회석 등 미국 자본가들이 탐낼 만한 천연자원이 매우 풍부했다.

전쟁 좋지, 전쟁 좋아.

미국 정부는 베트남이 공산주의자들의 손에 넘어가면 인근 국가들이 도미노처럼 공산화될 것이라고 주장하면서 이를 명분으로 사이공의 독재정권을 지원했다. 미국 정부는 베트남전쟁을 공산주의 국가인 북베트남과 민주주의 국가인 남베트남 사이의 충돌로 규정했다. 남베트남 정부는 전혀 민주적이지 않았지만 미국의 군사적·재정적 지원을 얻는 대가로 미국의 이익을 대변했다. 미국의 꼭두각시 정부는 민주적인 선거를 거부하고 모든 저항을 탄압했다.

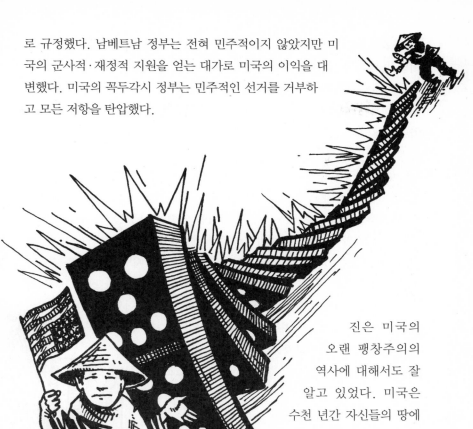

진은 미국의 오랜 팽창주의의 역사에 대해서도 잘 알고 있었다. 미국은 수천 년간 자신들의 땅에서 살아온 원주민들을 학살하거나 쫓아내면서 영토를 확대했다. 미국 정부는 멕시코를 공격함으로써 스페인령 플로리다의 절반을 차지했고, 이후 멕시코 영토의 절반을 빼앗았으며, 쿠바, 푸에르토리코, 아이티, 도미니카공화국, 하와이, 필리핀, 중앙아메리카를 미국의 통제하에 두기 위해 무력을 사용했다. 그래서 진은 자유와 민주주의를 지키려는 숭고한 목적으로 베트남을 공격한다는 정부의 발표를 의심하지 않을 수 없었다.

진은 정부가 우발적 사건을 조작해서 전쟁을 정당화하는 경우가 많다는 것을 알고 있었다. 제임스 K. 포크 대통령은 멕시코 군대와 미군의 사소한 충돌을 구실로 멕시코전쟁을 일으켰다. 양측의 충돌은 영유권 분쟁 지역에서 일어났지만, 포크 대통령은 "미국의 땅에 미국인의 피가 뿌려졌다"고 주장하기를 주저하지 않았다. 하지만 포크의 비망록은 그가 멕시코 땅을 차지하기 위한 핑곗거리를 찾고 있었으며 양측 군대의 우발적 충돌을 전쟁의 기회로 삼았음을 보여준다.

1898년 미국은 쿠바 아바나 항에 정박 중이던 미군 전함 메인호의 폭발 사건이 스페인인들에 의해 저질러졌다고 비난하며 이를 구실로 스페인에 전쟁을 선포했다. 미국 정부는 자신들의 주장을 입증할 아무런 증거도 제시하지 못했다. 하지만 그 사건은 쿠바에서 스페인인들을 몰아내고 그곳에 미군을 주둔시키는 명분이 되었다. 미국은 필리핀을 점령할 때도 그와 같은 편리한 이유를 찾아냈다. 제1차 세계대전에 미국이 참전하는 계기가 된 루시타니아호 침몰 사건도 날조된 사건의 또 다른 예이다. 정부는 독일 잠수함의 무자비한 공격으로 여객선이 침몰했다고 주장했지만, 사실 루시타니아호는 첩보활동을 수행하며 군수물자를 나르고 있었다.

미국 정부는 베트남 민중이 스스로 그들의 정부를 선택할 수 있는 자결권을 지켜주기 위해 전쟁을 수행한다고 주장했다. 하지만 진은 미국 정부가 여러 나라에서 그 나라 민중의 자결권과 상충되는 전쟁을 벌여왔음을 알고 있었다. 1954년 CIA는 석유회사들의 이익을 지키기 위해 이란에서 쿠데타를 배후 조종하여 국외로 망명한 팔레비 국왕을 복위시켰다. 같은 해 미국은 자국 기업 유나

국왕 폐하의 귀국을 환영합니다.

이티드 프루트United Fruit Company의 이익을 보호하기 위해 과테말라를 침공하기도 했다. 사실 미국은 세계 각지에서 미국 기업들의 이익에 도움이 되는 한 독재자들을 적극적으로 지원했다. 쿠바의 바티스타, 니카라과의 소모사, 인도네시아의 수하르토, 도미니카공화국의 트루히요, 필리핀의 마르코스 등이 대표적인 예이다.

미국 정부는 베트남 민간인들을 폭격했는데, 진은 어떠한 정치적 주장으로도 이것이 정당화될 수 없다고 생각했다. 진과 민권운동을 함께했던 동료들도 점차 전쟁에 등을 돌렸다. 밥 모제스 역시 자국민들의 투표권을 보호하는 데에는 관심을 기울이지 않았던 존슨 대통령이 이유도 명분도 없는 해외 파병을 추진하려는 것에 반대했다.

베트남에 파병된 군인들 가운데 흑인의 비율은 비정상적으로 높았고, 미국의 민권운동에서 전쟁은 점차 중요한 문제가 되었다. 전쟁은 인종과 관계없이 모든 미국인들과 베트남 민중 전체의 권리를 침해했다. 처음엔 수천 명, 나중에는 수백만 명의 젊은 군인들을 그들의 의지와 상관없이 베트남에 파병한 정부의 결정은 미국 젊은이들에게 매우 긴급하고 중요한 문제가 되었다. 항의시위가 전국의 대학으로 번져갔다. 베트남전은 모든 인종의 젊은이들을 하나로 묶어주었다. 그들은 단일한 문제, 단일한 형태의 억압에 맞서 싸우기 시작했다.

미국은 제2차 세계대전 때부터 있었던 징병제도를 여전히 유지하고 있었다. 베트남전이 확대되고 존슨 행정부의 목표가 실패를 거듭하면서 징집 대상자 수는 늘어났고 점점 많은 미국인들이 베트남에 파병되었다. 미군 5만 8000명이 전사했고 부상자 수도 30만4000명에 이르렀다. 죽거나 다친 베트남인들 또한 수백만 명에 달했다. 전쟁은 미국인들의 삶에 영향을 끼치기 시작했다. 징집 대상 연령인 대학생들의 전쟁반대 시위는 날로 규모가 커졌다. 민권운동을 하던 진과 많은 활동가들의 관심은 차츰 반전운동으로 향하게 되었다. 민권운동이 '정의롭지 못한 전쟁에 맞서는 투쟁'으로 서서히 변모한 것이다.

진은 신념을 위해 투옥의 위협에 굴하지 않는 미국인들의 전통을 잇게 되었다는 사실에 자부심을 느끼며 반전운동에 뛰어들었다. 반전운동의 역사는 식민지 시절 영국이 프랑스와의 전쟁에 미국인들을 징집하려 했을 때 이에 저항한 이들로부터 시작되었다. 진은 목숨을 바칠 가치가 전혀 없는 부도덕한 전쟁에 징집될 대다수 청년들의 신념을 공유하고 지지했다. 그 전쟁은 실제로 미국과 아무런 충돌도 없는 다른 나라를 공격하는 것이었다. 진은 글과 행동으로 전쟁에 반대하는 자신의 신념을 드러내기 시작했다. 1966년, 진은 베트남전에 대해 많은 글을 썼다. '베트남: 목적과 수단' '흑인들과 베트남' '베트남: 철군의 논리' 등

평화!

이때 쓴 글들은 나중에 한 권의 책으로 묶여 8쇄까지 발간되었다. 진은 자신이 쓴 책들 가운데 《베트남: 철군의 논리Vietnam: The Logic of Withdrawal》를 《미국 민중사》에 이어 두 번째로 마음에 드는 책으로 꼽았다. 그해 베트남에 주둔한 미군의 수는 50만 명에 달했다.

1967년에는 반전집회에 수천 명의 사람들이 모이곤 했다. 그해 10월, 진은 5000명이 참여한 집회에서 연설을 했는데, 200명 넘는 사람들이 이 집회에서 자신들의 징집영장을 불태웠다. 이런 집회는 전국적으로 수도 없이 열렸다. 다음날 수천 명의 사람들이 워싱턴의 링컨기념관에 모여 국방부 청사까지 행진을 했다. 군인들 수천 명이 국방부 청사 앞에서 그들을 가로막았다.

진이 재직하고 있던 보스턴대학교에서도 많은 집회가 열렸다. 학생들은 건물을 점거하고 밤새 토론회를 열기도 했다. 한번은 1000여 명의 학생들이 학교 부속예배당을 점거하고 피신 중인 탈영병을 닷새 동안 보호한 적도 있었다. 탈영병은 결국 건물에 진입한 연방 요원들에게 체포되었다.

베트남을 방문하다

1968년 1월, 진은 히로시마에서 만난 적이 있는 평화운동가 데이비드 델린저의 전화를 받았다. 델린저는 북베트남 정부가 그에게 전보를 보내 평화를 제의하는 뜻에서 포로로 잡고 있는 세 명의 미군 조종사를 석방하겠다는 뜻을 밝혔다고 전했다. 북베트남 정부는 미국의 평화운동 진영에서 대표자를 뽑아 포로들을 데리러 하노이를 방문해줄 것을 요청했다. 평화운동 지도자들은 진과 대니얼 베리건 신부를 대표로 선발했다. 천주교 사제인 베리건은 반전운동가이자 시인이기도 했다. 이튿날 진은 뉴욕으로 가서 베리건과 델린저, 그리고 반전운동의 또 다른 지도자인 톰 헤이든을 만났다. 이들이 회의를 하고 있을 때 국무부 관리가 찾아왔다. 그 관리는 정부가 이들의 계획을 알고 있다면서 북베트남을 방문하려면 먼저 정부의 승인을 받으라고 말했다. 정부의 승인없이 북베트남이나 다른 공산주의 국가를 방문하는 것은 불법이었다. 하지만 베리건과 진은 정부 승인을 받는 것을 거부했다.

두 사람은 코펜하겐, 프랑크푸
르트, 테헤란, 캘커타, 방콕을 경
유하며 28시간을 비행했다. 그들
이 비행기를 갈아탈 때마다 국무
부 직원이 기내에 올라 여
권에 승인 도장
을 찍어주겠

다고 말했다. 하지만 두 사람은
끝까지 거부했다. 마침내 그들은 라오스의 비엔
티안에 도착했다. 하지만 남베트남 전역에서 기습공격을 감행하며 심지어 미
국 대사관까지 점령한 베트콩의 구정 대공세Tet Offensive 때문에 북쪽으로 이
동하는 것은 불가능했다. 라오스
에서 잠시 머문 뒤 진과 베리
건은 드디어 하노이에 도착
했다. 하노이에 도착한
그날 밤 그들은 요란
한 공습 사이렌에
잠에서 깼다. 과거
폭격수로 공습을
했던 진은 난생처
음 공습을 당하는
처지가 되었다.

이런 아이러니
없이는 살 수
없을까요?

닷새 동안 이어진 공습이 끝나고 그들은 마침내 미군 포로들을 만나게 되었다. 이튿날 포로 석방 행사가 열렸다. 세 명의 미군 조종사는 미국이 베트남에 폭격을 개시한 이후 최초로 석방된 포로들이었다.

3주 동안 함께 지내면서 진과 베리건은 친구가 되었다. 이후 베리건은 반전시위를 벌이던 중 다른 활동가들과 징병위원회 건물에 들어가서 징병서류를 불태운 혐의로 징역 3년형을 선고받았다. 베리건은 항소심 절차가 진행되는 도중 돌연 사라져 4개월간 진의 도움을 받으며 도피 생활을 했다.

존슨의 퇴임과 닉슨의 집권

1968년, 반전 정서가 강해지면서 존슨 대통령은 군부대 방문을 제외하고 대중에 모습을 드러내는 행사를 모두 취소했다. 민주당 대통령 후보 지명을 위한 첫 예비선거에서 반전을 공약으로 내건 무명의 유진 매카시에게 패배하자 존슨은 재선에 도전하지 않겠다고 선언했다.

뒤늦게 출마를 선언한 로버트 F. 케네디 상원의원은 반전을 공약으로 민주당 지지자들로부터 가장 높은 지지를 받으며 후보 경쟁에서 1위로 뛰어올랐다. 하지만 캘리포니아 주 예비선거에서 승리를 거둔 바로 그날 암살을 당했고, 민주당은 존슨 행정부의 부통령이었던 휴버트 험프리를 대통령 후보로 지명했다. 험프리는 베트남전에 대한 존슨 행정부의 입장을 철회하려 하지 않았다. 험프리를 후보로 지명한 것은 존슨의 재선 도전을 포기하게 만든 반전운동의 열기를 부정하는 것이나 다름없었다. 반전을 공약으로 내세운 케네디가 지지율 1위를 달리다가 암살당했음에도, 민주당 지도부는 지지자들이 거부하는 정책을 상징하는 험프리를 밀실에서 대통령 후보로 결정했다. 수천 명의 시민들이 시카고에서 시위를 벌였고 시카고 경찰은 이 시위를 폭력적으로 진압했다. 후일 어느 공식보고서는 많은 사람들을 구타하고 체포한 경찰의 진압을 '경찰의 폭동'이라고 일컬었다.

전쟁에 반대하는 목소리가 걷잡을 수 없이 커지자 양당의 대통령 후보는 각자 자신이 대통령에 당선되면 전쟁을 끝내겠다고 공언했다. 선거운동이 막바지에 이르렀을 때 공화당의 닉슨 후보는 자신에게 전쟁을 끝낼 '비밀계획'이 있다고 주장했다. 하지만 1969년 취임한 이후 닉슨은 그 계획을 실행하기는 커녕 언급조차 하지 않았다. 오히려 그 비밀계획이라는 것이 북베트남의 항복을 받아내는 것이었다는 듯, 그는 북베트남 공습을 강화했다. 하지만 폭력은 과거에도 베트남인들의 항복을 끌어내지 못했고 더 큰 폭력으로도 베트남의 전황은 닉슨에게 유리하게 전개되지 않았다. 닉슨은 성난 여론이 점차 통제가 안 되고 극단적으로 변하는 상황을 두려워하고 있었다.

국방부 비밀보고서

1970년대 초 진은 다시 한 번 극단적인 미국 정치의 폭풍에 휘말리게 되었다. 사건은 1960년대 말 랜드연구소RAND Corporation의 전직 고문인 대니얼 엘즈버그가 방대한 분량의 비밀보고서를 입수하면서 시작되었다. 문서는 〈미국-베트남 관계, 1945-1967: 국방부〉라는 제목을 달고 있었다. 국방부가 작성한 이 일급비밀 보고서는 총47권, 7000쪽이었으며 베트남에 미국이 개입한 과정을 자세히 기록하고 있었다. 엘즈버그는 이 문서의 사본을 하워드와 로즐린 부부에게 보냈다. 부부는 이 문서를 편집하고 주석을 다는 일을 함께할 사람들을 구하고자 노엄 촘스키에게 도움을 청했다. 이 문서는 1971년 6월 13일부터 〈뉴욕타임스〉에 '국방부 비밀보고서The Pentagon Papers'라는 제목의 기사로 다뤄지기 시작했다. 이 보도는 어마어마한 파장을 일으켰다. 미국 정부

...가 베트남전과 관련하여 미국인들에게 거짓말을 해왔다는 사실이 비밀문서를 통해 적나라하게 드러났기 때문이다. 존슨 대통령은 미국인들에게 전쟁을 확대하지 않겠다고 말한 그 순간에도 라오스와 북베트남에 대한 공습을 강화하며 확전을 꾀하고 있었던 것이다.

이 문서의 폭로는 정부 고위관리들을 당혹스럽게 만들었다. 후일 닉슨에 의해 연방대법관으로 임명된 윌리엄 렌퀴스트 법무부 차관보는 보도금지 가처분 신청을 통해 비밀문서의 내용이 보도되는 것을 막으려 했다. 닉슨에게 비밀문서 폭로는 국가기밀을 염탐하고 누설한 반역행위였으며, 그런 점에서 핵무기 관련 기밀을 소련에 넘긴 혐의로 1953년에 처형된 로젠버그 부부 사건과 다를 게 없었다. 닉슨의 논리에 따르면 엘즈버그는 사형에 처해야 할 반역자였다. 또한 하워드와 로즐린 부부는 엘즈버그와 공범인 셈이었고 〈뉴욕 타임스〉도 마찬가지였다. 하지만 엘즈버그와 진, 촘스키로서는 적국에 군사기밀을 넘긴 것이 아니라 정부의 거짓말에 속고 있는 자국민들에게 진실을 알린 것이었다. 대법원까지 가게 된 이 사건은 아홉 명의 대법관이 각각 개별 의견을 작성할 정도로 쟁점에 대한 의견 접근이 어려웠다.

국방부 비밀보고서 폭로에 화가 치민 닉슨은 균형감각을 완전히 잃고 복수를 다짐했다. 그는 엘즈버그

79

에게 본때를 보여줌으로써 그를 완전히 파멸시키고 잠재적인 모든 내부고발자들을 겁먹게 할 생각이었다. 닉슨은 엘즈버그에게 오명을 씌우기 위해 하수인들을 시켜 엘즈버그가 다니던 정신과 진료실에 몰래 잠입해 그의 의료기록을 빼돌리게 했다. 전직 CIA 요원인 E. 하워드 헌트가 이끈 닉슨의 하수인들은 '배관공팀'으로 불렸다. 더 이상의 정보유출을 막는 게 그들의 임무였다. 배관공팀은 첫 번째 임무를 무사히 수행했지만 그들의 행운은 거기까지였다. 그들은 워싱턴 D. C.의 워터게이트 호텔에 있는 민주당 전국위원회 사무실에 도청장치를 설치하다가 발각되고 말았다. 이 사건의 조사가 진행되면서 닉슨은 궁지에 몰리게 되었다. 엄청난 득표율로 대통령에 당선되었던 닉슨은 결국 이 사건으로 사임할 수밖에 없었다. 국방부 비밀문서 폭로가 닉슨의 사임에 중요한 요인이 된 것이다.

엘즈버그는 절도, 공동모의, 간첩 혐의로 기소되었다. 진은 피고 측 증인으로 법정에 섰다. 진은 증언대에서 몇 시간에 걸쳐 베트남 역사를 설명했다. 그는 국방부 비밀문서 폭로가 미국을 위태롭게 하는 데 사용되지 않았다고 말했다. 오히려 그 문서가 공개됨으로써 정부가 국민을 얼마나 조직적으로 속였는지 드러났으며, 그러한 거짓말 자체가 범죄 또는 적어도 권력 남용

이라고 주장했다. 연방 판사는 닉슨이 교사한 진료실 불법침입과 진료기록 절도를 언급하면서 이 사건을 기각했다.

베트남전 종전

1973년 초, 파리에서 4년간 협상을 벌인 끝에 미국 정부는 북베트남 정부와 조약을 맺고 베트남에서 철수하기로 했다. 미군이 철수한 뒤에도 북부 하노이의 정부와 미국으로부터 군사원조를 받는 남베트남 정부 사이에 전쟁은 계속 이어졌다. 1975년 마침내 남베트남 정부가 무너지고 전쟁은 완전히 끝났다. 베트남은 하나의 공화국으로 통일되었다.

민중의 역사

1980년 진은 《미국 민중사》를 펴냈다. 진의 가장 중요한 저작물이 된 이 책은 그의 인생을 바꾸어놓았다. 또한 수백만 명의 독자들에게 이 책은 역사 해석 방식을 바꾸는 계기가 되었다. 진은 이 책의 기본적인 구상에서 출판까지 20년이 걸렸다고 말한다. 하지만 실제 집필 기간은 1년이 채 되지 않았다. 그는 1960년대의 정치적 운동이 의식의 혁명과 세계관의 변화를 가져왔고, 이로 인해 기존에 서술된 역사가 새로운 사고방식에 적합하지 않았다는 점을 이 책의 집필 동기로 밝혔다. 사람들은 노동자, 인디언, 노예, 여성의 삶을 보여주는 역사를 원했다. 기존의 역사에서 그것을 기대할 수 없었기 때문에 진은 직접 그 일에 뛰어든 것이다.

진은 잡지 《혁명적 노동자》와의 1998년 인터뷰에서 이렇게 말했다. "저는 여성, 흑인, 인디언, 노동자, 그리고 급진주의자들과 저항세력의 관점에서 미국의 역사를

기록하고 싶었습니다. 그렇게 마음을 먹고 나니까 이게 완전히 새로운 역사가 되는 겁니다. 사실 저도 놀랐고 출판사도 많이 놀랐지만, 이 책이 그토록 많은 사람들에게 읽힌 이유는 새로운 관점에서 기술된 미국 역사에 독자들이 신선한 충격을 받았기 때문이라고 생각됩니다." 이 책은 출간 이후 매년 10만 부가 팔렸으며 현재까지 모두 200만 부가 팔렸다.

강의실을 떠나다

보스턴대학교에 재직하는 동안에도 그는 1974년, 1978년, 1984년에 파리대학교에서 객원교수를 역임했다. 1988년, 그는 집필, 강연, 시민운동, 그리고 이와 관련된 프로젝트에 전념하기 위해 24년간 정치학을 가르친 보스턴대학

저 같은 사람들이 여기 많이 나와요.

교에서 은퇴했다. 이후 그는 어느 때보다 왕성한 집필활동을 했다.

영화 속의 진

맷 데이먼과 벤 애플렉이 각본을 쓰고 이 두 사람이 로빈 윌리엄스와 함께 출연한 1997년 아카데미상 수상작 〈굿 윌 헌팅〉에서, 윌 헌팅은 교수에게 《미국 민중사》를 읽어보면 "정신이 번쩍 들" 것이라 말한다. 데이먼은 다섯 살 때부터 진과 아는 사이였다. 두 사람은 사우스 보스턴에서 이웃으로 살았다.

몇 년 후, 진과 데이먼은 벤 애플렉, 크리스 무어 등과 함께 《미국 민중사》를 토대로 미니시리즈를 제작하기로 했다. 이들의 구상은 책에 등장하는 특정한 상황들을 영화화하는 것이었다. 폭스사의 모회사인 뉴스 코퍼레이션과 HBO가 이 프로젝트에 참여했으나 두 제작사가 갑자기 발을 빼면서 영화 제작은 아직 이루어지지 않고 있다.

이라크전쟁에 대하여

일관되게 전쟁에 반대해온 진은 2003년 부시 행정부의 이라크 침공과 점령에도 반대 목소리를 높였다. 하지만 그는 단순히 이라크 점령에 반대하는 것에 그치지 않았다. 그는 문제가 훨씬 심각하다고 생각했다. 2005년 8월 영국 〈가디언The Guardian〉과의 인터뷰에서 진은 이렇게 말했다. "미국이 이라크를 점령한 것보다 더 불길한 것은 미국이 점령되어 있다는 사실입니다. 아침에 일어나 신문을 읽을 때마다 저는 우리가 어떤 외부 집단에게 점령당한 국가에 살고 있다는 생각이 듭니다. 미국은 폭력배들에게 둘러싸여 있는 대통령 한 사람의 손아귀에 있는 것 같습니다. 그들은 국내외를 막론하고 인간의 생명과 자유에는 아무 관심도 없습니다. 그들은 땅과 물과 공기에 어떤 일이 벌어지는지 신경도 쓰지 않고 우리 아이들과 손자 세대에게 어떤 세상을 물려줄 것인지에 대해서도 아무런 관심이 없습니다."

9·11의 진실을 요구하다

2004년 진은 '9·11의 진실을 묻는 성명서'에 서명했다. 성명서의 일부를 인용하면 다음과 같다.

우리는 9·11의 진실을 원한다. 2004년 8월 31일 로이터 통신의 의뢰로 설문조사를 실시한 조그비 인터내셔널Zogby International에 따르면, 뉴욕 시민의 절반(49.3%)과 뉴욕 주 주민의 41%는 미국의 지도자들이 9·11 공격을 예견했음에도 '의도적으로' 대응하지 않은 것으로 믿는다고 응답했다. 뉴욕 시민의 66%는 의회나 뉴욕 주 법무장관이 의혹을 규명하기 위해 재조사에 나설 것을 요구했다. 이와 관련하여 저명인사 100명과 희생자 가족 40명이 이 성명서에 뜻을 함께했다. 우리는 현 정부가 전쟁의 명분을 찾기 위해

9·11을 의도적으로 방조했을 수도 있다는 의혹에 대해 대중의 관심을 촉구하는 바이다.

성명서는 12가지의 의혹을 제기하고 있는데 그 일부를 인용하면 다음과 같다.

여객기의 공중납치에 대응하는 단계별 작전이 왜 그날은 승인되지 않았는가? 국방부 주위에 배치된 것으로 알려진 대공 미사일과 방공망이 왜 공격을 받을 때까지 작동하지 않았는가? 부시가 초등학교를 방문하고 있었을 때 대통령과 학생들의 안전을 확신할 수 없는 상황이었음에도 대통령 경호실은 왜 일정을 중단시키지 않았는가? 그날 우리가 목격한 총체적인 무능에도 불구하고 징계를 받거나 자리에서 물러난 사람이 왜 하나도 없는가? 9·11 공격을 누군가 사전에 인지했다는 강력한 증거가 될 수 있는 수천만 달러의 비정상적인 금융거래에 대해 당국은 조사를 마치고도 왜 결과를 공개하지 않는가? 국방부 청사에 충돌한 아메리칸 항공 77편은 기수를 워싱턴 D.C.로 돌려서 40분을 비행하는 동안 어떻게 연방항공국의 레이더와 이보다 더 우수한 공군 레이더에 잡히지 않았는가?

이 문제와 관련하여 역사를 연구하고 정의를 추구하는 진과 행동가인 진 사이에는 간극이 있다. 진은 정부의 설명을 믿지 않지만 그날 실제로 무슨 일이 일어났는지 알아내는 데 많은 시간을 소비하는 것에 대해 조심스러운 태도를 보인다. 2008년 진은 필자에게 이렇게 말했다. "그런 논란은 아무 도움도 되지 않습니다. 정작 우리가 해야 할 일을 놓치기만 할 뿐이죠. 그날 무슨 일이 일어났는지는 분명하지 않습니다. 분명한 것은 부시 행정부가 이 나라를 공포에 몰아넣으며 9·11을 전쟁의 명분으로 이용했다는 것이고 무소불위의 권력으로 헌법을 무력화했다는 것입니다. 우리는 그런 사실에 집중해야지 9월 11일에 무슨 일이 있었느냐를 두고 아무 실익도 없는 소모적인 논쟁을 벌여서는 안 됩니다."

부시에 대하여

2004년 10월, 《게르니카Guernica》의 기자는 진에게 민주당 후보 케리와 현직 대통령 부시가 맞붙은 2004년 대통령 선거의 의미에 대해 물었다. 진은 이렇게 대답했다. "매우 중요하죠. 우리는 매우 위험한, 제가 기억하는 한 역대 어느 정권보다도 위험한 정권의 속박 아래 있기 때문입니다. 이 정권은 다른 나라 사람들의 의견은 물론이고 전쟁에 반대하는 대다수 미국인들의 의견에 귀를 막고 고삐가 풀린 채 폭주하고 있습니다. 그들은 자신들만의 계획을 가지고 모든 권력을 차지하려고 합니다. 제가 드리고 싶은 말씀은, 지난 대통령 선거에서 48%에 못 미치는 득표율로 실제 유권자들의 표만 따지면 상대 후보에게 패배했음에도 우리의 대통령은 취임과 동시에 100%의 권력을 차지했다는 겁니다. 그런데 그는 유권자들로부터 권력을 위임받은 게 아니었습니다. 그는 자신이 거느린 패거리의 도움으로 슬그머니 대통령직을 차지했습니다. 그의 아버지가 임명했던 대법관들과 플로리다 주지사인 그의 동생이 결정적 도움을 주었습니다. 그는 그렇게 권력을 차지했습니다."

진은 2001년 (identitytheory.com에서) 로버트 번봄에게 이렇게 말했다. "대중으로부터 권력을 위임받은 게 아니라 가장 부도덕한 방법으로 대통령직을 차지한 사람이 있습니다. 1876년 총 득표수에서 뒤지고도 대통령이 된 헤이즈보다 더 큰 차이로 투표에서 졌음에도, 그는 마치 이 나라가 자신의 것인 양 오만하게 대통령 자리에 올랐습니다. 저는 우리가 피점령국에 살고 있다는 느낌이 듭니다. 실제로 우리가 군사정권하에서 살고 있고 군부가 지배하는 나라의 민중들이 하는 일을 미국인들도 해야 할 것만 같은 느낌이 듭니다."

진의 꿈

1998년 《혁명적 노동자》와의 인터뷰에서 진은 어떤 세상을 꿈꾸느냐는 질문을 받았다. 그는 이렇게 대답했다. "거대 기업이 경제를 지배하지 않는 세상, 기업이 일하는 사람들의 통제를 받고 노동자와 소비자 대표가 의사결정기구에 참여할 권리가 있는 세상입니다. 그런 세상에서 우리는 1871년 파리코뮌에 존재했던 풀뿌리 민주주의를 갖게 될 것입니다. 그곳에는 지속적인 참여와 모임이 있을 것이고, 민중의 정치적 참여는 2년이나 4년에 한 번씩 두 개의 한심한 선택지에서 하나를 골라야 하는 선거에 국한되지 않을 것입니다. 대신 풀뿌리 참여와 의사결정이 모든 차원에서 이뤄질 것입니다. 오늘날의 거대하고 복잡한 사회에서 그것은 쉽지 않을지도 모릅니다. 하지만 저는 현재 우리가 가지고 있는 체제보다 훨씬 나은 정치적 민주주의가 분명히 가능할 것이라 믿습니다. 목표는 사람들에게 진정한 평등을 돌려주는 것입니다. 이 세상에 있는 엄청난 부는 사람들을 먹이고 그들의 자녀를 보살피는 데 사용되어야 합니다. 모든 사람이 기본적인 의식주를 보장받고 진료비 부담이나 복잡한 행정절차 없이도 의료혜택을 받아야 합니다. 우리는 국경도 무너뜨려야 합니다. 오늘날 기업들이 국경을 마음대로 넘나들 듯 여권이나 비자가 없이도 사람들이 자유롭게 이동할 수 있어야 합니다. 이 모든 것은 분명히 상상하기 힘든 일입니다. 하지만 그런 상상을 하지 않는다면 오늘 벌어지고 있는 일들을 제대로 읽어낼 수 없습니다."

미국의 미래에 대한 진의 희망

2008년 4월, 대통령 예비선거가 치러지는 동안 counterpunch.org의 와자핫 알리가 진을 인터뷰했다. 그는 진에게 미국의 미래에 희망이 있다고 생각하는지 물었다. 진은 이렇게 대답했다. "미국의 현 상황은 암울해 보입니다. 하지만 미국인들이 깨어나서 이 전쟁과 부시 정권에 반대 목소리를 높이는 모

습을 보면서, 그리고 패배한 것만 같았던 사람들이 놀라운 힘으로 다시 일어선 역사들을 돌이켜보면서 희망을 갖게 됩니다. 저는 미국인들이 새로운 운동을 일으킬 능력을 가지고 있다고 믿습니다. 그 운동은 우리가 가진 엄청난 부를 인류의 필요를 위해 사용하면서 이 나라를 군사대국이 아닌 평화의 나라로 변모시킬 것입니다."

오바마, 루스벨트, 링컨에 대한 평가

진은 가장 좋아하는 대통령으로, 1930년대 경제위기를 잘 대처했고 대통령으로서는 드물게 반대파의 의견에 귀를 기울인 루스벨트를 꼽는다. 다만 진은 루스벨트가 제도개혁을 충분히 밀고나가지 못한 점을 지적한다. 진은 링컨에 대해서는, 그가 처음부터 노예해방을 위해 대통령이 되거나 남북전쟁을 시작한 것은 아니지만 결과적으로 노예해방에 중요한 역할을 했다고 말한다. 노예제 폐지론자인 웬델 필립스는 노예제도 폐지에 어정쩡한 입장을 보이는 링컨을 비판했지만 그의 당선에서 큰 가능성을 보았다. 필립스는 비록 링컨이 노예제 폐지론자는 아니지만 민중이 강력한 행동에 나서면 마치 체스의 폰pawn이 퀸이 되듯 바뀔 가능성이 있으며 결국엔 '판을 휩쓸어버릴' 수 있을 것이라 생각했다. 진은 오바마에 대해서도 이와 비슷한 평가를 내놓았다. 선거운동이 막바지에 이르렀을 때 진은 오바마를 공개적으로 지지했다.

진은 2008년 대통령선거 직후 commondreams.org에 다음과 같이 기고했다. "링컨처럼 오바마도 도덕적 근거로 판단하기보다는 자신의 정치적 이익을 먼저 계산하는 경향이 있다. 하지만 그는 평화와 사회정의를 위해 과감한 조치를 기대하는 시민들의 열렬한 지지로 당선된 최초의 흑인 대통령으로서 중요한 변화의 가능성을 상징하는 인물이 되었다."

진은 부시 집권 기간과 미국 역사의 많은 시기를 지배한 패권주의적 외교 정책에 근본적인 전환점을 마련할 수만 있다면 오바마가 위대한 대통령이 될 것이라고 말한다. 만일 오바마가 그러한 변화를 이끌어내어 미국이 평화를 추구하는 나라임을 온 세상에 선포하고 다른 강대국 지도자들과 군비축소를 논의한다면 수십억 달러의 예산이 사람들의 삶을 개선하는 데 사용될 수 있다. 진은 오바마가 루스벨트를 참고해서 새로운 뉴딜정책을 시행해야 한다고 말한다.

외로운 나그네

2008년 5월 14일, 로즐린 진이 암으로 사망했다. 그녀의 나이 85세였다. 로즐린은 교사와 사회복지사로 일하다 은퇴한 뒤 생애 마지막 20년을 화가로 살았다. 그녀는 많은 구상화와 풍경화, 정물화를 그렸다. 2007년 6월, 암 진단을 받은 후 로즐린은 수영을 즐기며 그해 여름을 보냈다. 그녀는 이때가 생애 최고의 여름이었다고 말했다. 그녀와 하워드 진은 64년을 부부로 지냈다. 하워드 진이 쓴 모든 책과 기고문은 그녀의 교정을 거쳤다.

로즐린은 2007년에 출간된 자신의 작품집《삶을 그리다Painting Life》서문에 이렇게 썼다. "나는 교사와 사회복지사로 일하다 은퇴한 뒤 그림을 그리기 시작했다. 평생 동안 그림은 내 삶을 자극했고 내 정신에 활력을 불어넣어주었다." 로즐린은 난소암 진단을 받고 몇 달이 지나 이런 글을 남겼다. "내가 이 세상에서 보는 모든 것들, 괴롭고 힘들면서도 그 자체로 아름답고 인간적인 모든 것들이 나로 하여금 희망의 가능성을 보여주는 이미지를 찾게 만들었다."

포기를 모르는 정신

진은 글쓰기와 인터뷰, 강연 등을 통해 정치적 발언을 계속하고 있다. 80대의 나이에도 여전히 그는 평생 견지해온 신념을 위해 목소리를 높인다.(88세 때인 2010년에 사망했다._옮긴이)

해리 크라이슬러가 진에게 역사학자이자 행동가로서 그런 용기가 어디에서 나왔는지 물었을 때 그는 이렇게 대답했다. "하고 싶은 말을 하는 게 마치 엄청난 용기가 필요한 일인 것처럼 여겨지는 게 슬프네요. 저에게 그것은 용기가 아닙니다. 신념을 이야기한다고 해서 사형을 당하지는 않습니다. 장기간 투옥되는 것도 아닙니다. 하루나 이틀 유치장에 갇힐 수는 있겠죠. 저는 그런 일을 여덟 번인가 아홉 번 겪었습니다. 해고될 수는 있겠군요. 감봉 처분을 받을 수도 있을 겁니다. 하지만 세계 곳곳에서 사람들이 겪고 있는 끔찍한 일들과 비교하면 그런 건 아무것도 아닙니다. 그러니 제가 해온 일에 대단한 용기가 필요하진 않았습니다. 저에겐 군 복무 시절 두 명의 절친한 친구가 있었습니다. 그들은 전쟁이 끝나기 직전에 목숨을 잃었습니다. 저는 전쟁을 경험했고 친구들의 죽음을 겪었습니다. '직장에서 쫓겨나려고 그래? 감봉 당할 각오가 된 거야? 교수직에서 쫓겨나면 어쩌려고 그래?' 이 세상 곳곳에서 사람들이 무릅쓰는 위험과 비교하면 이런 말들은 우스울 따름입니다."

지난 2008년, 필자가 그에게 반민주적인 부시 정권하에서 민주적인 권력을 회복하기 위해 어떤 전략을 구상하고 있는지 물었을 때 그는 이렇게 대답했다. "비결 같은 건 없습니다. 깜짝 놀랄 만한 전략도 없어요. 그저 우리가 해오던 일을 계속해서 해나가는 것뿐입니다. 그런데 그게 헛되지 않습니다. 점점 더 많은 사람들이 전쟁의 무익함을 깨닫고 있습니다. 점점 더 많은 사람들이 우리의 경제체제가 비효율적이고 불공정하다는 것을 깨닫고 이 체제를 떠받치는 기둥이 무너질 때까지 계속 싸워야 한다고 생각하게 되었습니다. 언뜻 보기에 작고 평범하며 보잘것없는 일일지라도 우리가 끈질기게 해나간다면 변화가 찾아올 것이라는 믿음이 필요합니다.
그것은 끈기와 인내가 필요한 일입니다."

Zinn:
The Work

진의 저서: 《미국 민중사》

《미국 민중사 A People's History of the United States》

1980년에 출간된 《미국 민중사》는 그의 대표작이자 가장 중요한 저서다. 이 책은 그의 이력과 업적을 가장 잘 이해할 수 있는 관점을 제공해준다. 어떤 면에서는 《미국 민중사》를 아는 것이 곧 하워드 진을 아는 것이라고 말할 수도 있다. 엄청난 집중력으로 1년여에 걸쳐 집필된 650쪽 분량의 책에서, 진은 역사학을 재정립하기 위한 새로운 틀을 제시하고 대안 역사학의 새로운 모델을 만들어냈다. 《미국 민중사》는 단순히 진의 생각을 보여주는 것에 그치지 않고 당대의 역사와 정치에 가장 큰 영향을 끼친 책들 가운데 하나가 되었다. 그러므로 진과 그의 연구 주제를 이야기할 때 이 책은 특별한 주목을 받을 만하다.

제목이 말해주듯 이 책은 전통적인 역사학이 제시하는 지배자와 정복자의 관점 대신 진 자신의 출신 배경이기도 한 노동자들의 관점에서 기술되었다. 《미국 민중사》는 지배자들의 착취와 모험으로부터 얻는 것은 하나도 없이 고통만 당하는 대다수 민중의 관점에서 바라본 미국의 이야기다.

《미국 민중사》는 빠르게 팽창하는 자본주의 산업체제에서 살아가는 노동자들의 투쟁에 특별히 초점을 맞춘다. 책은 특정한 주제에 집중함으로써 650쪽에 500년의 역사를 담으면서도 생동감이 넘친다. 아울러 잘 알려진 사건들과 기존의 역사에서 많이 다뤄진 부분들은 생략한다. 진은 광범위한 역사를 한 권에 다루면서 굳이 포괄적이어야 할 필요를 느끼지 않았다. 그는 기존의 역사에서 소홀히 다뤄진, 일하는 사람들의 투쟁에 관해 자신이 하고 싶은 이야기를 하는 데 집중한다.

《미국 민중사》는 역사적 인
물들의 동상을 부수고 그들
의 인간적인 약점과 탐욕,
이기심, 잔인성, 위선,
거짓말, 냉흑함

을 폭로한다. 진은 근사하게 포장된 역사의 불편한 진실을 보여준다. 어떤 이들은 이 책을 수정주의적 역사관의 산물로 본다. 어쩌면 과거를 다른 시각에서 바라봄으로써 현재와 미래의 가능성을 다르게 바라보도록 해주는 것이 이 책의 특징인지도 모른다. 《미국 민중사》는 새로운, 보다 현실적인 역사를 세우기 위한 토대를 만들어주었다.

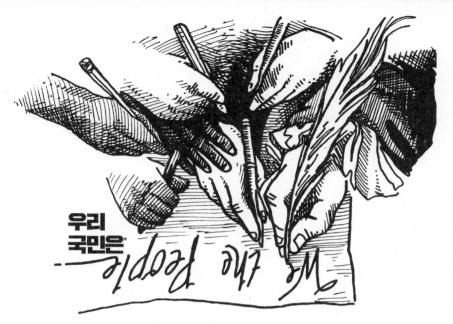

우리
국민은*

We the People

*미국 헌법 전문의 첫 문장을 시작하는 문구_옮긴이

이 책은 미국인들의 신경을 건드린다. 〈뉴욕타임스〉에 실린 서평에서 에릭 포너가 말했듯이 이 책은 "영웅과 악당 들을 마구 섞어놓는다." 역사학자이자 컬럼비아대학교 교수인 포너는 "이 책과 전통적인 역사학의 관계는 마치 사진 원판과 인화된 사진과도 같아서 어두운 곳과 밝은 곳이 서로 바뀌어 있다" 고 말했다. 포너와 많은 비평가들은 사건을 극적으로 대변하는 인용구를 선택하는 데서 진의 능력이 빛을 발한다고 평가한다. 하지만 포너가 이 책에 찬사만 보낸 것은 아니다. 그는 진의 접근법에 한계가 있다면서, 진이 초점을 맞춘 흑인, 인디언, 여성, 노동자들이 하나같이 "저항세력 아니면 피해자로만" 그려졌으며 "덜 극적이지만 훨씬 일반적인 유형의 사람들, 즉 어려운 상황에서 먹고살기 위해 아등바등하면서도 존엄성을 잃지 않은 평범한 사람들은 주목을 받지 못했다"고 지적한다. 포너는 이 책이 "미국의 과거를 매우 비관적인 시선으로" 바라보고 있지만 동시에 "새로운 세대의 학생들에게 필독서가 되어야" 한다고 말했다.

《라이브러리 저널》의 어느 서평은 《미국 민중사》가 "기존의 역사학에 대한 훌륭한 해독제"라면서 "정치적, 경제적으로 착취당한 사람들과 대부분의 역사 기술에서 배제된 사람들의 관점에서" 과거를 이야기한다고 평가한다.

《미국 민중사》는 거의 200만 부가 팔리면서 이제까지 나온 역사 서적 가운데 가장 대중적인 인기를 누린 책이 되었다. 책은 1980년 초판이 출간된 뒤로 여러 차례 개정판이 나왔으며, 가장 최근의 개정판은 콜럼버스의 신대륙 발견부터 9·11과 조지 W. 부시의 '테러와의 전쟁'까지 다루고 있다.(진은 부시의 용어를 '테러리즘과의 전쟁'으로 고쳐서 사용했다.)

《미국 민중사》의 뒤를 이어 유사한 성격의 책들이 출간되었다. 주로 진이 쓴 책이 많고 다른 저자들이 쓴 것도 있다. 진은 《하워드 진 살아 있는 미국 역사A Young People's History of the United States》와 만화 형식의 《만화로 보는 하워드 진의 미국사A People's History of American Empire》를 썼다. 데이비드 윌리엄스와 공저로 《남북전쟁 민중사: 자유의 의미를 위한 투쟁A People's History of the Civil War: Struggles for the Meaning of Freedom》을 썼으며, 《20세기: 민중의 역사The Twentieth Century: A People's History》, 《미국 민중사를 만든 목소리들Voices of a People's History》도 썼다. 특히 이 책은 다양한 사람들의 목격담, 일기, 연설, 편지 등을 인용하여 썼다. 그는 비자이 프라샤드와 《갈색의 세계사: 새로 쓴 제3세계 인민의 역사Darker Nations: A People's History of the Third World》를 함께 쓰기도 했다. 진의 영향을 받은 여러 저자들이 세계의 민중사와 미국 독립전쟁, 스포츠, 대법원, 과학, 빈곤 등을 주제로 책을 썼다. 아래에서 《미국 민중사》에 투영된 진의 역사관을 간략하게 요약해보고자 한다.

콜럼버스의 신대륙 발견

콜럼버스의 아메리카 대륙 발견을 유럽 제국의 약탈로 바라보는 《미국 민중사》 도입부는 핵폭발처럼 기존 역사서들의 일반적인 관점을 토대부터 쓸어버린다. 진은 전통적으로 학생들이 배워온 콜럼버스 이야기에서 영웅의 껍데기를 완전히 벗겨버린다. 교과서에서 콜럼버스는 당대의 많은 사람들이 생각한 세상의 끝 너머로 항해를 해서 마침내 신대륙을 발견한 용감한 모험가의 모습으로 비쳐진다. 교과서는 그가 발견한 대륙이 훗날 자유의 땅이자 용감한 이들의 고향이며 민주주의와 평등, 자유가 태동하는 땅이 된다고 가르친다.

하지만 "널 사랑한다는 어머니의 말씀까지 따져 보고 확인하라"는 말을 신조로 삼는 기자들처럼 진은 역사적 기록을 냉철한 시선으로 바라본다. 그는 자문화중심주의의 편견에서 벗어나 문명국가의 '신대륙 발견'이 아닌 유럽인의 침략을 이야기한다.

진은 먼저 콜럼버스가 쓴 일기와 편지, 보고서, 그리고 바르톨로메 데 라스 카사스Bartolome de las Casas 신부의 기록을 살핀다. 라스 카사스 신부는 콜럼버스의 쿠바 정복에 동행했고, 히스파니올라Hispaniola와 인근의 여러 섬에서 40년을 보낸 인물이다. 이 기록들은 콜럼버스의 실제 모습이 우리가 초등학교에서 배운 것과 완전히 다르

다는 사실을 알려준다.

진은 콜럼버스가 당대의 지식인들처럼 지구가 둥글다는 사실을 알았던 유능한 항해자였음을 인정한다. 하지만 그는 콜럼버스가 자신의 후원자인 스페인의 페르난도 왕과 이사벨라 여왕에게 황금을 갖다 바치기 위해 극도로 잔인한 행동을 서슴지 않았다는 사실도 보여준다. 콜럼버스의 후원자들은 단순히 탐험의 영예를 얻기 위해 재정적 지원을 한 것이 아니었다. 그들은 황금과 풍요를 원했다. 자신이 인도에 도달할 것이라 생각한 콜럼버스는 페르난

도 왕과 이사벨라 여왕에게 금과 비단, 향료를 바치겠다고 약속했다.

콜럼버스는 자신이 도착한 곳이 인도가 아닌 미지의 대륙이라는 사실을 전혀 몰랐지만 약속을 이행하겠다는 생각만큼은 분명했다.

콜럼버스가 오늘날의 바하마제도에 도착해서 가장 먼저 마주친 사람들은 아라와크족이었다. 그들은 훌륭한 외모에 조화로운 사회생활을 영위하고 있었을 뿐만 아니라 친절하고 관대하기까지 했다. 콜럼버스는 그들에게 감탄하며 이렇게 적었다. "그들은 세상에서 가장 선하고 친절한 사람들이다. 그들은 악이 뭔지도 모르고 살인과 도둑질도 모른다… 그들은 이웃을 자기 몸처럼 사랑하며 늘 웃는 낯으로 다가온다… 소유한 모든 물건을 기꺼이 교환하고… 훌륭한 신체조건과 외모를 지니고 있으며… 무기를 소지하지도 않는다. 무기가 뭔지조차도 모른다. 내가 검을 건네자 그들은 무엇에 쓰는 물건인지 몰라 자기들 손을 베기까지 했다." 아라와크족에게는 불행한 일이었지만 콜럼버스는 그들의 너그러움을 너그러움으로 갚지 않았다. 그는 스페인의 후원자들을 부유하게 만들 기회를 찾았다고 생각했다. 그는 아라와크족에 대해 이렇게 적었다. "훌륭한 노예가 될 것이다. 우리 인원이 50명만 되어도 이들 부족 전체를 정복하고 우리가 원하는 것은 뭐든지 시킬 수 있을 것이다."

콜럼버스는 사업가였다. 그는 이사벨라 여왕에게 자신의 항해에 투자하면 아시아에서 엄청난 부를 갖다 바치겠다고 약속했다. 그는 원주민들을 좋아했지만 보물을 바치겠다는 약속 또한 지켜야만 했다. 스페인은 당시 유럽에서 형성되고 있던 근대국가들 중 하나였으며, 금은 국제적으로 화폐의 기능을 하고 있었다. 페르난도와 이사벨라는 이탈리아 제노아에서 점원으로 일했던 콜럼버스에게 그가 가져오는 보화의 10%, 그가 발견한 땅의 총독 지위, 그리고 해군 제독 칭호를 주겠다고 약속했다.

자신이 발견한 것을 과장해서 보고한 콜럼버스에게 왕은 17척의 배와 1200명의 군인을 지원해주면서 노예와 금을 가져오도록 했다. 그것은 원주민들에게 악몽 같은 지배의 신호탄이었다. 2년이 채 지나지 않아 섬 인구 25만 명 중 절반이 죽었다. 독실한 가톨릭 신자임을 자처했던 콜럼버스는 이렇게 적었다. "팔 수 있는 모든 노예들을 성령의 이름으로 데리고 가자." 1515년에 5만 명 수준으로 줄어든 아라와크족의 수는 1550년경에는 500명으로 줄었고 1650년이 되자 아라와크족 생존자는 한 명도 남지 않게 되었다.

콜럼버스는 섬에 340개의 교수대를 설치하고 원주민들에게 채굴해올 금의 양을 할당했다. 할당량을 채우지 못한 원주민들은 팔이 잘렸고 도망을 친 원주민들은 추적에 나선 사냥개에게 물어뜯겼다. 수천 명의 원주민들이 독초를 먹고 스스로 목숨을 끊었다.

스페인 정복자들의 만행은 부를 획득하려는 목적을 넘어 가학 그 자체를 즐기는 데까지 이르렀다. 바르톨로메 데 라스 카사스 신부는 원주민들을 칼로 베거나 갓난아기를 바위에 내리쳐서 죽이는 스페인 군인들의 잔혹함을 기록으로 남겼다. 그의 기록은 다른 사람들의 기록으로도 뒷받침된다. 몇 걸음 걷는 것조차 귀찮아진 스페인 군인들은 원주민들에게 업혀 다니거나 원주민들이 나르는 해먹을 타고 다녔다. 라스 카사스 신부는 그들이 "아무 생각 없이" 열 명씩 또는 스무 명씩 원주민들을 모아놓고 칼로 찌르거나 "칼이 잘 드는지 확인하려고" 원주민들을 베었다고 기록했다.

콜럼버스의 뒤를 이어 다른 정복자들도 똑같은 방식으로 원주민을 착취하고 학살했다. 에르난 코르테스가 멕시코의 아즈텍인들을, 프란치스코 피자로가 페루의 잉카제국을, 버지니아와 매사추세츠의 영국인 정착민들이 포와탄족과 피쿼트족을 그렇게 짓밟았다.

대안적 관점을 확립하다

콜럼버스에게서 고결하고 인자한 영웅의 이미지를 벗겨낸 뒤, 진은 자신이 기술하는 역사가 왜 다른지 분명하고 차분하게 설명한다. 역사 교과서는 콜럼버스의 폭력과 탐욕은 언급하지 않고 그를 영웅으로 치켜세운다. 몇몇 역사학자들은 아메리카 원주민 학살을 언급했다. 하버드대학교의 새뮤얼 엘리엇 모리슨 교수도 그것을 대량학살이라고 불렀지만 여러 권으로 이루어진 책에서 이에 대한 설명은 불과 한 쪽짜리 주석으로 대신했을 뿐이다.

진으로부터 "콜럼버스에 대한 가장 뛰어난 저술가"라는 평가를 받은 모리슨 교수는 콜럼버스의 방식이 "완전한 대량학살"로 이어졌다는 점을 인정하면서도 콜럼버스를 영웅으로 묘사하는 쪽으로 기울며 윤리적 문제는 얼버무리고 넘어간다. "콜럼버스에게도 잘못과 결점이 있었지만 그가 지닌 불굴의 의지와 신에 대한 믿음, 그리고 그리스도교 신자로서의 소명은 그를 위대하게 만든 특질들이기도 하다." 진이 지적한 바와 같이 이 '그리스도교 신자'는 학살자였다.

진은 이와 같은 전통적인 역사 기술이 무고한 사람들을 학살하는 것이 인류의 진보를 위해 용인될 수도 있다는 메시지를 전달하며 오늘날에 벌어지는 똑같은 행위에도 면죄부를 주고 있다고 말한다.

콜럼버스의 불편한 진실을 폭로한 뒤 진은 또 다른 우상들을 하나씩 부수어나간다. 콜럼버스가 우리가 알고 있던 영웅이 아니라면 모든 사람의 존경을 받고 있는 미국의 건국 지도자들은 어땠을까? 진이 들려주는 그들의 충격적인 진실은 우리가 알고 있던 이야기들과 너무나 다르다.

노예제도와 인종차별

북미 지역을 식민지로 확보한 뒤 신대륙 정복자들은 유럽의 근대국가와 새로 부상하는 자본주의 경제질서의 부에 대한 욕구로 미친 듯이 속도를 내며 새로운 식민지 시대를 열었다. 그들의 경제체제에서 노예제도는 중요한 동력이자 그 자체로 거대한 산업이 되었다. 진은 노예제도는 세계적인 현상이었지만 미국처럼 인종차별이 오랫동안 문제가 된 나라는 없었다고 말한다. 그러므로 인종차별이 어떻게 시작되었는지 면밀히 살펴보고, 바라건대 어떻게 하면 그것이 완전히 사라질 수 있을지에 대한 통찰을 얻는 것은 매우 중요하다.

사실 노예제도는 콜럼버스의 항해가 있기 50년 전부터 시작되었다. 포르투갈 상인들이 아프리카인 열 명을 리스본에 데리고 와서 노예로 팔았다. 1619년 식민지로 건설된 지 12년밖에 지나지 않은 버지니아의 제임스타운에 네덜란드 상선 한 척이 흑인 노예 스무 명을 내려놓았다.

신대륙에는 노동력이 늘 부족했다. 유럽인들로서는 생존을 위해 황무지에 뿌리를 내리는 것이 힘겹기만 했다. 유럽의 후원자들에게 이윤을 가져다줄 수 있는 식민체제를 만들기 위해선 엄청난 노동력이 필요했다. 식민지에 정착한 유럽인들은 처음엔 인디언들을 노동 인력으로 고용하려 했다. 하지만 인디언들은 그들만의 땅이 있었고 유럽인들이 적응하지 못하는 곳에서도 잘 적응해 살았다. 그래서 가난한 백인들이 계약을 통해 노동 인력으로 고용되었는데, 그들은 노예보다 그리 나을 게 없는 조건에서 일해야 했다. 백인들은 계약 기간을 채우지 않고 도망을 가더라도 다른 지역 백인 사회에 쉽게 섞여들 수 있었다. 그리고 여전히 익숙한 문화에서 살아갈 수 있었다. 하지만 흑인들은 달랐다. 그들은 자신들의 문화와 사회적 지지로부터 격리되어 의지할 곳 하나 없는 세계에 내던져졌다. 그것이 흑인들의 노예화를 더욱 용이하게 했다.

영국의 계급제도는 식민지 미국에 고스란히 이식되었다. 식민지의 귀족들은 영국 왕실로부터 무상으로 불하받은 토지로 권력과 부를 차지했다. 신대륙의 열악한 조건으로 인해 계급질서는 더욱 공고해졌다. 하루하루 생존을 위해 몸부림쳐야 했던 대다수 사람들은 엄청난 부를 소유한 소수 귀족들에게 분노를 품기 시작했다. 곳곳에서 폭동이 일어났고 지주들은 분노로 들끓는 다수의 대중으로부터 자신들을 지킬 방법을 찾아야 했다. 귀족들은 하층계급을 분열시켜서 그들이 단결하여 소수 지배계급에 맞서지 못하도록 해야 했다.

적대적인 인디언들과 노예들의 반란을 막아내면서 귀족들은 가난한 백인들의 분노도 잠재워야 했다. 버지니아에서 베이컨의 주도로 반란을 일으킨 가난한 백인들은 흑인들과 힘을 합쳐 귀족에 맞섰다. 이 사건으로 귀족들은 흑인과 백인이 단결하여 맞설 경우 자신들이 수와 힘에서 얼마나 크게 밀리는지 깨닫게 되었다.

귀족들은 흑인과 인디언, 그리고 가난한 백인들을 의도적으로 갈라놓았다. 약간의 권리를 백인에게만 허용하되 그러면서도 여전히 그들이 빈곤에서 빠져나오지 못하도록 함으로써, 그들이 자신들보다 훨씬 비참한 처지인 흑인들처럼 되는 것을 두려워하게 만들었다. 베이컨의 반란이 진압된 후 백인들은 사면을 받았지만 흑인들은 그러지 못했다. 백인 계약노동자들은 자유민들을 대신해 민병대에 가입하는 것이 허용되었다. 또한 노예들의 도주를 막기 위한 순찰대가 만들어져서 가난한 백인들이 돈을 받고 흑인 노예들을 감시했다.

혁명의 열기
신대륙의 식민지에는 반란이 그치지 않았다. 버지니아에서는 식민지 정부에

맞서는 봉기가 열여덟 차례나 일어났다. 1776년 영국인 귀족들이 모여 새로운 국가를 세우는 것을 논의했다. 진은 이를 통해 "그들은 대영제국에 충성하는 식민지 정부로부터 토지와 이윤, 정치권력을 넘겨받을 수 있었다. 이 과정에서 그들은 수많은 잠재적 반란을 저지하고 대중의 지지와 합의로 새로운 권력을 만들어낼 수 있었다"고 말한다. 건국의 지도자들은 "근대 이후 가장 효과적인 국가통제체제를 만들어냈다."

'7년 전쟁'이 끝난 뒤 전쟁으로 인한 부채를 갚아야 했던 영국은 식민지에 부과하는 세금을 올렸다. 식민지가 번영을 누리면서, 부유한 농민들은 영국의 간섭이 없다면 자신들의 부가 더 커질 수 있으리라 생각했다. 그들은 영국 정부에 세금을 꼬박꼬박 바쳐야 했고 모든 농산물을 정해진 가격에 영국에 팔아야 했기 때문이다. 부농들은 독립국가를 꿈꾸기 시작했다.

새로운 국가를 만드는 일에 동참한 사
람들은 식민지에서 가장 부유한 지주들
이었다. 워싱턴과 제퍼슨처럼 많은 지
주들이 노예를 부리고 있었다. 그들
극소수가 돈과 토지 대부분을 소유하
고 있었다. 영국 왕실로부터 받은 토
지 소유권은 사실 법적 정당성이 의
심스러웠다. 모든 토지는 인디언들

로부터 강압이나 사기로 빼앗은 것이나 다름없었기 때문이다. 여기에 가난한
사람들의 분노는 종종 기득권을 향한 폭력으로 분출되었다.

식민지 기득권층은 자신들을 향한 빈곤계층의 분노를 영국 정부 쪽으로 돌
려놓고 싶었다. 그들은 또한 영국군에 맞서 싸우기 위해서는 평민들의 도움
을 얻어야만 했다.

자신들의 지배체제를 확고히 구축하기 위해 귀족들은 가난한 백인과 흑인,

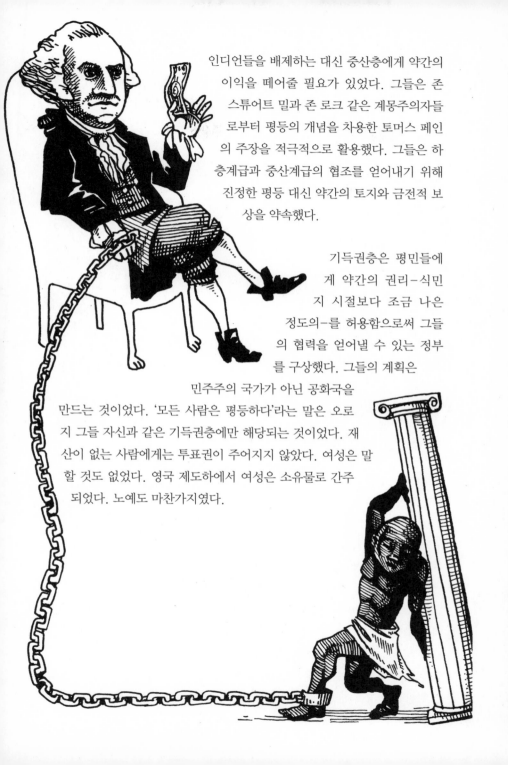

인디언들을 배제하는 대신 중산층에게 약간의
이익을 떼어줄 필요가 있었다. 그들은 존
스튜어트 밀과 존 로크 같은 계몽주의자들
로부터 평등의 개념을 차용한 토머스 페인
의 주장을 적극적으로 활용했다. 그들은 하
층계급과 중산계급의 협조를 얻어내기 위해
진정한 평등 대신 약간의 토지와 금전적 보
상을 약속했다.

기득권층은 평민들에
게 약간의 권리─식민
지 시절보다 조금 나은
정도의─를 허용함으로써 그들
의 협력을 얻어낼 수 있는 정부
를 구상했다. 그들의 계획은
민주주의 국가가 아닌 공화국을
만드는 것이었다. '모든 사람은 평등하다'라는 말은 오로
지 그들 자신과 같은 기득권층에만 해당되는 것이었다. 재
산이 없는 사람에게는 투표권이 주어지지 않았다. 여성은 말
할 것도 없었다. 영국 제도하에서 여성은 소유물로 간주
되었다. 노예도 마찬가지였다.

쫓겨난 인디언들

새로 만들어진 공화국은 서부로 영토를 확장하고 싶었다. 그런데 인디언들이 걸림돌이었다. 그래서 정부는 그들을 내쫓기 위해 속임수, 약속 파기, 학살, 세균전 등 다양한 방법들을 동원했다.

1790년 식민지에 정착한 유럽인들의 인구는 390만 명이었다. 그들 대부분이 해안에서 80㎞ 이내 지역에 거주했다. 1830년 유럽계 인구는 1300만 명으로 늘어났고, 1840년경에는 애팔래치아 산맥을 넘어 미시시피강 유역으로 유입된 인구가 400만 명을 넘어섰다. 1820년 당시 미시시피강 동부에는 12만 명의 인디언들이 살고 있었으나, 22년 후인 1844년에는 3만 명만 남게 되었다. 이주민들이 서부로 밀고 들어감에 따라 원주민들과의 갈등이 점차 격화되었다. 이에 제퍼슨 대통령은 인디언 이주정책을 추진했다. 정부는 광활한 농지를 개발하여 급성장하고 있는 자본주의 국가들을 시장으로 확보하고 싶었다.

협약은 무시되기 일쑤였다. 치카소족은 영토를 보장해주겠다는 약속을 받고 독립전쟁 기간 동안 식민지 편에서 싸웠으나, 전쟁이 끝난 후 정부는 노스캐롤라이나 토지의 대부분을 매각했다. 당시 존 도넬슨이라는 정부 측 량기사는 800㎢에 달하는 광활한 땅을 차지하게 되었다. 그의 사위인 앤드루 잭슨은 부동산 투기와 노예무역으로 부를 축적한 사람이었다. 진은 그가 "건국 초기 인디언들에게 가장 악랄한 원수"였다고 말한다. 잭슨은 1812년 영미전쟁에서 영웅으로 부상했다. 진은 이 전쟁이 기존의 역사가 말하듯 단순히 미국이 영국으로부터 주권을 지키기 위한 것뿐만 아니라 플로리다와 캐나다, 그리고 인디언의 땅을 차지하기 위한 목적도 있었다고 지적한다.

잭슨은 1814년 호스슈 벤드 전투에서 영국군과 동맹을 맺은 크리크족 인디언들을 물리침으로써 명성을 얻었다. 그의 군대는 크리크족에 대한 정면공격에서 패퇴했지만, 잭슨은 체로키족에게 파격적인 보상을 약속하고 그들을 우군으로 끌어들였다. 체로키족은 은밀히 강을 건너 크리크족을 배후에서 공격함으로써 잭슨에게 승리를 안겨주었다. 잭슨은 정부가 크리크족으로부터 빼앗은 땅을 닥치는 대로 사들였다. 정부로부터 인디언 부족들과 협상을 벌이는 전권을 부여받은 그는 일방적인 조약으로 인디언들을 쫓아내고 그들의 땅을 농지로 개발했다.

1814년 잭슨은 인디언들에게 새로운 전략을 사용했다. 그는 인디언들에게 개인의 토지 소유권을 허용했는데, 이는 토지를 공동소유물로 인식하던 그들의 오랜 관습을 무너뜨렸다. 부족 내에서 갈등과 경쟁이 벌어지면서 그들의 고유한 문화는 해체되고 말았다. 잭슨은 세미놀족과의 분쟁을 핑계로 당시 스페인 영토였던 플로리다를 침공했다. 그는 도망간 흑인 노예들과 약탈을 일삼는 인디언들이 플로리다에 은신해 있다고 주장했다. 그리고 플로리다로 쳐들어가서 인디언 마을을 불태우고 스페인군 요새를 공격했다. 잭슨은 스페인이 플로리다를 '매각'하도록 강요했고, 이후 플로리다의 군정 지사로 임명되었다. 그는 1828년 대통령으로 선출되었다. 인디언 이주 법안은 그의 행정부가 추진한 '최우선 과제'였다. 잭슨과 그의 뒤를 이어 대통령이 된 마틴 밴 뷰런의 재임 기간 동안 미시시피강 동

부에 살고 있던 7만 명의 인디언들이 서부로 떠밀리듯 이주했다. 인디언들에 대한 적대적인 정책은 집요하고 다양했다. 각 주는 부족회의를 불법화하고 부족의 법적 지위와 추장의 권한을 박탈하는 법안을 통과시켰다. 인디언들은 납세와 병역의 의무를 져야 했지만 투표권이나 소송을 제기할 권리는 주어지지 않았다. 희롱과 공동체 붕괴, 그리고 인간 이하의 취급을 견딜 자신이 있다면 그들은 자신들의 땅에 머물 수 있었다.

백인들의 이주는 문명의 확장으로 간주되었다. 문명과 접촉하여 살 수 없는 인디언들은 야만인으로 간주되었고 그들의 소멸은 시간문제였다. 인디언들은 강제이주를 당할 때마다 영구히 거주할 수 있는 새로운 터전을 약속받았다. 하지만 약속은 곧 잊혔다. 역사학자 데일 밴 에브리에 따르면, 1832년 이전에 맺어진 모든 협약은 백인들에 의해 예외 없이 파기되었다. 1832년 워싱턴 협약이 체결되고 일주일이 지나기도 전에 크리크족에게 주기로 한 땅을 백인들이 차지해버렸다. 연방 정부는 이에 대해 아무런 조치도 취하지 않았고 오히려 크리크족에게 서쪽으로 좀 더 멀리 이주한다는 협약안에 서명할 것을 요구했다.

영토확장정책

많은 미국인들이 영토를 태평양 연안까지 확장해야겠다는 생각을 품고 있었다. 그들은 캘리포니아를 향해 서쪽으로 밀고나가기 시작했다. 제퍼슨 대통령이 프랑스로부터 루이지애나를 사들임으로써 미국의 면적은 단숨에 2배가 되었다. 이어서 정부는 멕시코에 눈독을 들였다. 루이지애나와 태평양 연안 사이는 대부분 멕시코 땅이었다. 1821년 전쟁을 거쳐 스페인으로부터 독립한 멕시코는 텍사스와, 현재의 뉴멕시코, 유타, 네바다, 애리조나, 캘리포니아, 그리고 콜로라도 일부에 이르는 넓은 영토를 가지고 있었다.

미국 정부의 지원을 받은 텍사스의 일부 주민들이 멕시코로부터의 독립을 선언했다. 1845년 연방 의회는 텍사스를 미국에 속한 주로 선언했다. 같은 해 대통령에 선출된 제임스 K. 포크는 취임하자마자 해군장관에게 캘리포니아를 손에 넣는 것이 자신의 주요 목표라고 밝혔다. 그는 멕시코의 영토였던 리

오그란데에 군대를 들여보내는 도발을 감행했다. 1846년 초 몇 명의 군인이 실종되었고 그중 한 명이 사체로 발견되었다. 이어서 습격을 받은 미군 정찰병 16명이 사망하는 사건이 발생했다. 포크 대통령은 이전부터 의회에 선전포고를 승인해줄 것을 줄곧 요청했고, 멕시코 영토에 주둔하고 있는 미군에게 위험이 임박했다는 선언이라도 의회가 해주기를 바랐다. 하지만 일단 폭력적인 사건이 발생하자 상황은 바뀌었다. 상원은 전쟁 결의를 위한 토론을 하루에 마치기로 했고, 휘그당은 전쟁에 반대했음에도 전쟁에 필요한 모든 수단을 동원하고 예산을 전용하는 것에 동의했다.

에이브러햄 링컨은 이미 전쟁이

벌어지고 있던 1846년에 하원의원이 되었다. 전쟁에 반대한 링컨은 포크 대통령에게 사건이 발생한 지점을 특정할 것을 요구했다. 그럼에도 병력과 군수물자를 동원하기 위한 예산 책정에 반대표를 던지지는 않았다.

전쟁을 지지하는 집회가 주요 도시 곳곳에서 열렸고 수천 명이 지원병으로 입대했다. 전쟁에 반대하는 목소리도 높아졌다. 미국노예제도폐지협회American AntiSlavery Society는 전쟁을 통해 멕시코 영토를 합병해서 노예제도를 확대하려는 기도에 반대한다고 선언했다. 시인 제임스 러셀 로웰은 〈보스턴 쿠리어 Boston Courier〉에 전쟁에 반대하는 내용의 시를 게재했고 이때 발표한 시들을 묶어 《빅로우 페이퍼즈Biglow Papers》라는 시집을 출간했다. 헨리 데이비드 소로는 전쟁에 항의하는 의미로 인두세 납부를 거부했다가 유치장에 갇혔으나 친구들이 세금

을 대신 내줘서 석방되기도 했다. 2년 후 소로는 정의롭지 못한 법에 복종하지 않겠다는 자신의 신념을 정리해서 《시민 불복종Civil Disobedience》이라는 에세이집을 냈다. 랄프 왈도 에머슨과 노예 출신인 프레더릭 더글러스도 전쟁에 반대하는 글을 썼다. 뉴욕, 보스턴, 로웰 그리고 매사추세츠의 아일랜드계 노동자들은 반전시위를 벌이기도 했다.

많은 사람들이 돈과 사회적 지위 상승을 위해 입대했다. 병력의 절반은 이민자들, 특히 독일과 아일랜드 출신 노동자들로 채워졌다. 어떤 이들은 술에 취한 상태에서 입대 서류에 서명했고, 감언이설에 넘어가 입대한 사람들도 있었다. 전쟁을 지지하는 애국적 열기는 이내 사그라졌다. 미국 군대가 멕시코 영토를 가로질러 태평양 연안에 도달해서 캘리포니아가 미국의 영토임을 선언할 때까지 곳곳에서 살인과 약탈, 강간이 자행됐다. 미국의 지배계층과 멕

시코의 지배계층 사이에 벌어진 전쟁에서 수많은 군인들이 적군 혹은 아군에 의해 죽임을 당했다. 그리고 아무런 군사적 목적도 없는 전투에서 많은 민간인들과 여성, 아이들이 희생됐다. 지원병들은 반란을 일으켰고 탈영병은 9000명에 이르렀다. 마침내 멕시코가 항복을 했고 미국은 멕시코 영토의 절반을 빼앗았다.

노예제도
반대투쟁
노예들은 더 이

상 속박과 강제노동에 순종하지 않았다. 노예 소유주들은 노예들을 붙잡아두고 계속 일을 시키는 데 어려움을 겪었다. 자유를 쟁취하겠다는 흑인들의 의지가 커짐에 따라 문제는 점점 심각해졌다.

1860년에 이르러 남부는 매년 100만 톤의 면화를 생산했고 불과 5년 전까지만 해도 50만 명이던 노예의 수는 400만 명까지 늘어나 있었다. 엄청난 수의 노예들에 대한 가혹한 통제는 법과 군대, 사회에 깊이 뿌리박힌 편견에 의해 뒷받침되었다. 하지만 억압적인 체제는 자유를 갈구하는 민중과, 노예가 아니면서도 노예제도의 부당함에 떨쳐 일어선 사람들의 저항을 영원히 꺾을 수는 없었다.

흑인 노예들은 가족들과 뿔뿔이 헤어졌다. 노예들은 채찍질과 주먹질을 당하며 살인적인 노동에 시달렸지만 도주를 하거나 순종을 거부하고 전면적인 저항을 선택할 수도 있었다. 저항은 소극적인 불순종에서부터 대규모 반란까지 다양한 수준에서 일어났다. 1811년 뉴올리언스에서는 400~500명의 노예들이 칼과 도끼, 몽둥이를 들고 앤드리 소령의 농장에 모여들었다. 그들은 앤드리에게 부상을 입히고 그의 아들을 살해한 뒤 이웃 농장들을 돌아다니며 세를 불렸다. 추격에 나선 군대와 민병대가 66명을 현장에서 사살했고, 재판에 넘겨진 16명은 총살형을 당했다. 노예들의 반란은 늘 이런 결말을 맞았음에도 80%의 노예들은 이런저런 형태의 불복종으로 그들의 의사를 표현했다.

남북전쟁이 시작되자 많은 노예들이 탈출할 기회를 잡았고 그들 중 많은 수가 북부군에 입대했다. 노예제도는 안팎에서 존립의 위기를 맞고 있었다. 전세가 남부연합에 불리하게 돌아가자 남부의 일부 지도자들은 흑인 노예들을 해방시켜서 그들을 군인으로 활용할 것을 제안했다. 1865년 초, 남부연합의 대통령 제퍼슨 데이비스는 흑인의 입대를 허용하는 법안에 서명했다. 하지만 법안이 효력을 발생하기도 전에 전쟁은 끝나고 말았다.

링컨 행정부가 노예해방을 선언했을 때 그것은 노예들 스스로 쟁취한 결과라기보다는 위에서부터 내려온 명령으로 여겨졌다. 이 때문에 노예들은 여전히 통제와 명령의 대상으로 인식되었다.

남북전쟁이 끝난 후 의회는 남부에서 몰수한 땅을 농장주의 상속인에게 돌려주는 내용의 법안을 통과시켰고 링컨 대통령도 이 법안에 서명했다. 노예들을 상대로 범죄행위를 저지른 농장주가 아니라 열심히 일한 노예들이 보상을 받아야 한다고 생각한 흑인들은 이 법안에 불만을 터뜨렸다. 법적으로는 자유민이 되었으나 노예 출신의 흑인들에게는 토지나 생계수단이 없었다. 그래서 많은 흑인들이 예전 주인에게 돌아가 소작농이 되었다. 늘 빚을 지고 살아가는 소작농의 삶은 노예 시절보다 별로 나을 게 없었다.

19세기의 계급투쟁

대부분의 역사학자들이 남북전쟁을 미국 역사에서 주요한 사건으로 다루고 있으며, 전쟁의 세부적인 사실과 전투들, 그리고 정파 간 갈등을 연구하고 기술하는 데 많은 노력을 기울이고 있다. 그런데 진의 관심사는 그들과 다르다. 진은 남북전쟁의 역사에서 많은 이들이 다루고 있는 부분은 그들에게 맡겨두고 자신은 기존의 역사책에서 찾을 수 없는 당대 미국인들의 삶을 바라본다. 진은 유럽에서 건너온 계급구조 내에서 싹트고 있던 당시의 계급투쟁을 주목한다. 자본주의의 신세계가 열리고 있던 새로운 무대에서 계급투쟁이 펼쳐지고 있었다.

1600년대에 이주한 네덜란드인들의 정착지에서는 토지를 독점한 소수의 지주가 수십만 명의 소작농에게 땅을 빌려주는 봉건적인 제도가 유지되었다. 1800년대까지도 지주와 소작농의 관계를 근간으로 하는 사회구조의 잔재는 여전히 남아 있었다. 하지만 옛 질서에 저항하는 움직임이 지대地代 지불을 거부하는 형태로 나타나기 시작했다. 계몽주의와 독립전쟁의 수사修辭에서 영향을 받은 자유와 평등의 정신이 이러한 운동에 힘을 실어주었다. 1837년 경제위기로 많은 사람들이 실직과 파산을 겪으면서 세입자들은 집주인을 상대로 임대차 계약 조건의 개선을 조직적으로 요구하기 시작했다. 동시에 강제퇴

거로부터 자신들을 보호해줄 법을 제정해달라고 의회에 청원했다. 하지만 이 법안은 의회에서 부결되었다. 긴장이 고조되었고 폭동이 일어났다. 그리고 폭동은 무자비하게 진압되었다. 당국은 요구사항이 있으면 투표 같은 합법적인 방식을 택하라고 말했다. 하지만 투표권은 집주인에게만 있었다. 이에 따라 세입자들의 분노는 투표권 확대를 요구하는 운동으로 번져갔다.

로드아일랜드 주에서는 투표권을 요구하는 투쟁이 변호사인 토머스 도어가 이끄는 도어의 반란으로 이어졌다. 1841년 수천 명의 시위대가 투표권 확대를 외치며 항구도시 프로비던스를 행진했다. 시위대는 민중회의를 조직하고 재산의 유무와 상관없이 투표권을 부여하는 그들만의 주 헌법을 만들었다. 그들은 새로운 주 헌법의 찬반을 묻는 투표를 실시했는데, 법적으로 투표권이 있는 집주인들을 포함하여 주민의 절대다수가 찬성표를 던졌다. 이어서 민중의회가 소집되었다. 도어의 반대에도 불구하고 새로운 헌법은 흑인들에게는 투표권을 부여하지 않았다. 이에 분노한 흑인들은 정부 쪽 민병대에 가담해 반란세력을 진압했다. 도어는 체포되어 20개월간 수감생활을 한 뒤 새로 선출된 주지사에 의해 석방되었

민주주의에서는 모든 사람에게 투표권이 주어져야 합니다. 흑인에게도… 이런!

다. 도어 진영은 대법원으로부터 로드아일랜드 주의 합법적인 정부로 지위를 인정받기 위해 소송을 제기했으나 대법원은 기득권층 편이었다.

사회의 빠른 변화와 공장의 증가, 계속되는 이민자의 유입으로 긴장이 높아지자 정부는 대중적인 지지 기반이 필요했다. 이른바 잭슨주의Jacksonian Democracy는 지지 기반 확보를 위한 수단을 마련했다.

1830년대와 40년대에 잭슨은 보통 사람들을 이해하는 정치인의 이미지를 만들어냄으로써 대중의 전폭적인 지지를 얻을 수 있었다. 그는 보통사람들의 언어로 말하고 대중에게 자신이 그들의 편이라고 믿게 만든 최초의 정치인이었다. 그는 다양한 이슈에 대해 자신의 명확한 입장을 드러내지 않고도 농민, 노동자, 기술자, 전문직, 사업가 모두의 지지를 받았다. 그는 노동자나 기업가, 또는 어떤 계층에 대해서도 옹호 또는 배척의 입장을 분명히 드러내지 않았다. 그는 체서피크와 오하이오 운하의 파업 현장에 군대를 투입했음에도 노동자들은 그의 든든한 지지층이 되어주었다.

나라가 커지고 빠르게 발전하면서 새로운 형태의 통제가 요구되었다. 이 시기에 확립된 양당체제는 대중으로 하여금 양자택일을 가능케 했다. 하지

많은 분들의 희생 덕분에 오늘날의 우리가 있게 된 거죠. 그럼요.

만 한 정당이 상대 당보다 좀 더 민주적이었을지언정 두 정당은 어차피 기득권의 양날개를 대변했다. 잭슨이 시행한 부분적인 개혁조치는 대중의 지지를 얻어냈지만 기득권의 질서를 뒤엎기에는 부족했다.

1790년에 100만 명이었던 도시의 인구는 1840년에 이르러 1100만 명까지 늘어났다. 사람들은 도시로 몰려들었고 빈곤층은 열악한 주거공간에 밀집해서 살았다. 필라델피아에서는 가구당 방을 하나씩 사용하면서 55가구가 공동주택 한 채에 거주하는 경우도 있었다. 뉴욕에서는 집이 없는 사람들이 거리의 쓰레기 더미 속에서 살았다. 그들은 정부에 잠재적인 위협이 되었지만 임금수준이 상대적으로 높은 노동자들과 집주인들은 정부의 든든한 지지층이 되어주었다.

자본주의는 혼돈 속에서 팽창을 거듭했다. 진에 의하면 자본주의는 사람들의 실제적인 필요와 상관없이 이윤이라는 동기로 움직이기 때문에 주기적인 불황을 낳기 마련이었다. 거대 자본은 기업 합병과 독점을 통해 경쟁자들을 물리침으로써 안정적인 이윤을 확보하려 했다. 실제로 1850년대에는 유독 기업 합병이 많았다.

노동계급은 점차 계급의식으로 무장하며 조직화를 이루어냈지만 이들의 저항은 거의 역사에 기록되지 않았다. 노동자들은 단체교섭의 힘을 얻기 위해 노동조합을 결성했다. 집회와 시위, 봉기와 폭동이 곳곳에서 일어났다. 남북전쟁 중에는 징병을 거부하는 폭동과, 남부와 북부 양측 군대 모두에서 탈영이 끊이지 않았다. 남부와 북부의 기득권층이 벌이는 싸움에 자신들이 동원된 것이 아닌가 하는 의심을 품게 된 사람들이 많았기 때문이다.

북부 연방은 노예제도 폐지를 위해 싸운 것이 아니라 남부의 시장과 자원을 얻기 위해 싸웠다. 하지만 전쟁이 끝난 후 노예제도 반대운동은 노예제도를 둘러싼 상황을 반전시키기에 충분한 동력을 얻게 되었다. 수정헌법 제13조는 노예제도를 불법화했다. 또한 제14조는 노예를 재산으로 인정한 드레드 스콧 판결을 무효화하고, 미국에서 태어나거나 귀화한 모든 사람을 미국 시민

으로 인정했다. 북부 연방군은 해방된 노예들이 다시 노예가
되는 것을 막기 위해 한동안 남부에 주둔했다.

불만 있으면
나를 탄핵하
든가….

하지만 링컨이 암살된 후 대통령직에 오른 남부
출신의 앤드루 존슨은 옛 질서의 회복을 바라는
남부의 귀족들에게 우호적이었다. 존슨은 노예
제 폐지와 관련된 후속조치들의 시행을 차일피
일 미루더니 백인들이 지배하는 옛 질서를 조금씩
복원하기 시작했다. 그는 자유민이 된 흑인들을 지원하
기 위한 법률에 거부권을 행사했고, 흑인들의 권리
를 법적으로 보장하지 않는 남부의 주들을 다시 연
방에 받아들였다. 남부 주들은 흑인들의 지위를
거의 노예 시절로 되돌리는 '흑인법Black Codes'
을 통과시켰다. 이 법은 흑인들이 토지를
소유하거나 임대차하는 것을 금지함으로
써 그들이 가혹한 노동환경에서 어쩔 수
없이 일을 하게 만들었다. 이를 받아들이지
않는 흑인들은 투옥을 감수해야 했다.

거대 자본과 재계의 부상

남북전쟁은 미국이 제국주의 국가가 되는 토대가 되었다. 전쟁으로 인해 생
산량이 늘어났고 이로써 자본주의 경제에 본격적인 시동이 걸렸다. 연방이
유지되면서 태평양 연안으로 팽창이 가속화되었다. 남북전쟁과 서부 개발은
새로운 거대 자본이 그들만의 제국을 건설하고 21세기 미국 경제계corporate
America로 성장하는 기반이 되었다.

남북전쟁 이후 35년간 증기와 전기는 인간의 생산력을 크게 증가시켰다.
목재는 철로 대체되었고 철은 다시 베세머Bessemer 방식으로 생산되는 강철로
대체되었다. 산업화는 들불처럼 확산되었다. 수많은 혁신적인 상품들이 미국
인들의 생활방식과 작업방식을 변화시켰다.

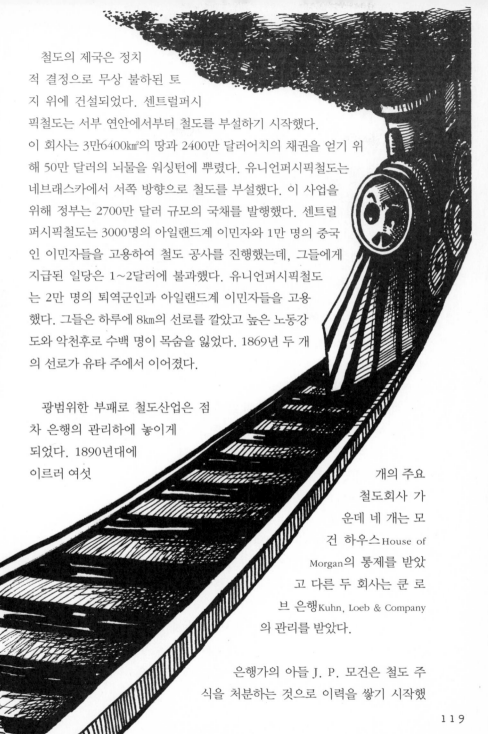

철도의 제국은 정치
적 결정으로 무상 불하된 토
지 위에 건설되었다. 센트럴퍼시
픽철도는 서부 연안에서부터 철도를 부설하기 시작했다.
이 회사는 3만6400㎢의 땅과 2400만 달러어치의 채권을 얻기 위
해 50만 달러의 뇌물을 워싱턴에 뿌렸다. 유니언퍼시픽철도는
네브래스카에서 서쪽 방향으로 철도를 부설했다. 이 사업을
위해 정부는 2700만 달러 규모의 국채를 발행했다. 센트럴
퍼시픽철도는 3000명의 아일랜드계 이민자와 1만 명의 중국
인 이민자들을 고용하여 철도 공사를 진행했는데, 그들에게
지급된 일당은 1~2달러에 불과했다. 유니언퍼시픽철도
는 2만 명의 퇴역군인과 아일랜드계 이민자들을 고용
했다. 그들은 하루에 8㎞의 선로를 깔았고 높은 노동강
도와 악천후로 수백 명이 목숨을 잃었다. 1869년 두 개
의 선로가 유타 주에서 이어졌다.

광범위한 부패로 철도산업은 점
차 은행의 관리하에 놓이게
되었다. 1890년대에
이르러 여섯
개의 주요
철도회사 가
운데 네 개는 모
건 하우스House of
Morgan의 통제를 받았
고 다른 두 회사는 쿤 로
브 은행Kuhn, Loeb & Company
의 관리를 받았다.

은행가의 아들 J. P. 모건은 철도 주
식을 처분하는 것으로 이력을 쌓기 시작했

다. 그는 남북전쟁 기간 동안 군수공장에서 소총 5000정을 정당 3.5달러에 매입해서 어느 장군에게 정당 22달러를 받고 팔았다. 그가 소유한 드렉셀 모건 앤 컴퍼니는 정부로부터 2억6000만 달러어치의 채권 발행을 대행하는 계약을 따내기도 했다. 그의 회사는 이 계약으로 500만 달러의 수수료를 챙겼는데 사실 이 액수는 정부가 직접 채권을 발행했다면 줄일 수 있는 비용이었다. 철도회사들은 그들이 부설하는 선로 주위의 땅을 무상으로 불하받았다. 산업의 동맥과 엄청난 면적의 땅을 손에 넣은 철도회사들은 국가경제에 엄청난 영향력을 갖게 되었다.

드렉셀 모건 앤 컴퍼니, 키더 피바디 앤 컴퍼니, 브라운 브라더스 앤 컴퍼니, 이 세 회사가 사실상 미국의 철도를 좌지우지했다. 그들은 담합하여 운임을 정하고 밀약을 맺어 경쟁사들을 제거했다.

다른 산업 분야도 미래의 제국을 건설하기 위해 비슷한 모델을 따랐다. 이러한 전략에는 정부 보조금을 교묘하게 이용하는 것도 포함되어 있었다. 여러 산업 분야가 특정 기업의 통제하에 들어갔고 이 기업들은 다시 권력으로 얽힌 은행의 지배를 받았다.

존 D. 록펠러는 정유공장을 통제하는 사람이 곧 석유산업을 통제하게 될 것이라고 생각했다. 1899년 그가 소유한 스탠더드 오일 컴퍼니는 이미 수많은 기업들을 통제하고 있었고, 록펠러 가문의 재산은 20억 달러에 이르게 되었다. 록펠러 가문은 21세기에도 여전히 강력한 영향력을 행사하고 있다.

런던에서 일하던 시절 앤드루 카네기는 강철 생산에 이용되는 베세머 방식에 대해 알게 되었다. 그는 미국으로 돌아와 제철공장을 세웠다. 의회는 수입 철강에 높은 관세를 부과함으로써 그의 사업을 보호해주었고 카네기는 연간 4000만 달러의 수익을 올리게 되었다. 그는 4억9200만 달러를 받고 자신의 제철공장을 J. P. 모건에 매각했다. 이후 모건은 여러 철강회사를 합병하여 US스틸을 설립했다.

수정헌법 제14조는 자유민이 된 노예들을 보호하기 위한 조항이었지만 거대 기업의 변호사들은 개인의 권리를 법인에 적용하는 데 이 조항을 활용했다. 법을 교묘하게 이용함으로써 법인들은 개인에게 주어진 권리를 부여받을 수 있었다.

거대 기업들은 사실상 국가를 경영했고 정부를 통제했다. 필요한 노동력은 풍부한 이민자들로 채워졌다. 이민자들은 몇 푼 안 되는 돈을 받으며 살인적인 노동환경에서 일했다. 어느 이탈리아계 이민자가 코네티컷에서 선로를 부설하는 일을 시켜주겠다는 말을 듣고 따라갔다가 남부의 광산에서 겨우 입에 풀칠할 수준의 임금을 받으며 일하고 있다더라는 식의 이야기는 이 시절 아주 흔했다. 노동자들의 비참한 생활은 폭동과 사회적 갈등으로 이어졌다.

금융시장 조작과 투기, 부당 이득을 토대로 수십 년간 산업발전이 이루어졌으나 1893년 금융 시스템이 붕괴되면서 경제위기가 닥쳤다. 642개의 은행과 1만6000개의 중소기업이 도산했고 노동자 수백만 명이 일자리를 잃었다. 노동자와 농민들은 대기업에 대한 분노로 들고 일어났다. 노동자들은 노조를 중심으로 뭉쳤고 농민들은 그들만의 단체를 조직했다. 1877년 사회주의노동당Socialist Labor Party이 만들어졌다. 노동자들의 계급의식도 커졌다. 여러 농민단체가 합쳐지면서 인민당Peoples Party이 창당되었다. 1890년 캔자스 주 토피카에서 열린 전당대회에서 인민당 당원 메리 엘렌 리스는 이렇게 연설했다. "월스트리트가 이 나라를 소유하고 있습니다. 이 정부는 더 이상 국민의, 국민에 의한, 국민을 위한 정부가 아니라 월스트리트의 정부입니다… 우리의 사법제도는 악당들에게 법복을, 정직한 사람들에게 넝마를 입히고 있습니다."

인민당은 당세가 점차 커졌지만 결국 민주당에 흡수되었다. 1896년 인민당/민주당의 대통령 후보 윌리엄 제닝스 브라이언은 주요 언론과 대기업의 전폭적인 지원을 등에 업은 공화당 윌리엄 매킨리 후보에게 패배했다. 매킨리는 체제에 맞서는 반대세력을 탄압했고 임기 3년째에 들어서면서 대중의 지지를 얻는 공식을 꺼내들었다. 미국은 스페인에 선전포고를 했다.

미 제국주의의 부상

19세기 말 미국의 영토는 태평양 연안으로 확대되었다. 광풍 같은 한 세기 동안 유럽계 이민자들은 대륙을 가로지르며 그들이 통과한 모든 땅에 대해 소유권을 주장했다. 하지만 확장을 태생적 원리로 가지고 있는 자본주의는 그 정도로 만족하지 않았다. 자본주의는 더 많은 시장과 더 많은 천연자원이 필요했다. 팽창주의 전도사 A. T. 마한 해군 대령이 말했듯이 "미국인들은 이제 밖으로 눈을 돌려야" 했다.

〈워싱턴포스트〉는 스페인과의 전쟁 전야에 이런 사설을 썼다. "우리는 새로운 인식을, 힘에 대한 새로운 인식을 얻게 된 것 같다. 그와 함께 새로운 욕구를, 우리의 힘을 과시하고 싶은 열망이 무엇인지도 알게 되었다… 야망, 이익, 영토에 대한 굶주림, 자부심, 전투 자체의 즐거움, 혹은 그 무엇이 되었든 간에 우리는 새로운 감각으로부터 활력을 얻고 있다. 정글에서 맹수가 피를 맛보듯 우리 국민은 제국의 맛을 알게 되었다."

진은 이것이 본능적인 공격성의 발로인지 아니면 당시 "자본의 노예가 된 언론과 정부, 그리고 권력에 기생하는 학자들"이 부추긴 것인지 묻는다.

철학자 윌리엄 제임스는 테디 루스벨트가 "전쟁은 그것이 지닌 남성적 격렬함 때문에 인간 사회의 이상적인 조건"이라고 떠들었다고 적었다. 하지만 루스벨트는 전쟁이 해외 시장을 개척하는 사업 방식이 될 수 있다는 점도 인식하고 있었다. 해외 시장에 대한 군사적 위협은 '문호개방 정책'이라고 불렸다. 그것은 우호적이고 고상하게 들리지만 만일 그것이 효과를 거

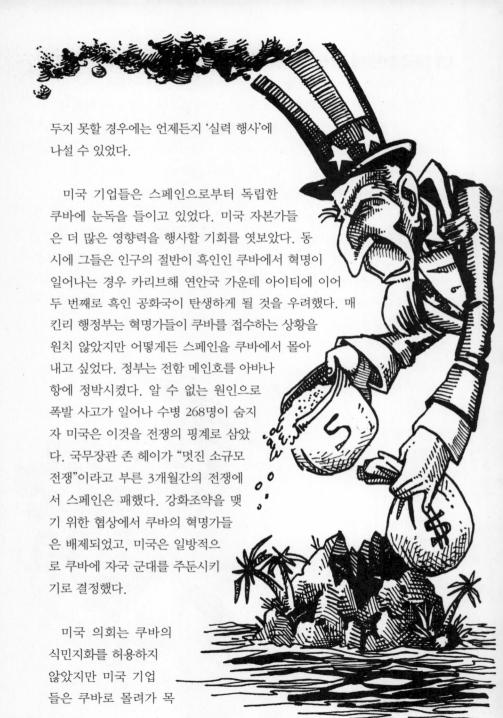

두지 못할 경우에는 언제든지 '실력 행사'에
나설 수 있었다.

　미국 기업들은 스페인으로부터 독립한
쿠바에 눈독을 들이고 있었다. 미국 자본가들
은 더 많은 영향력을 행사할 기회를 엿보았다. 동
시에 그들은 인구의 절반이 흑인인 쿠바에서 혁명이
일어나는 경우 카리브해 연안국 가운데 아이티에 이어
두 번째로 흑인 공화국이 탄생하게 될 것을 우려했다. 매
킨리 행정부는 혁명가들이 쿠바를 접수하는 상황을
원치 않았지만 어떻게든 스페인을 쿠바에서 몰아
내고 싶었다. 정부는 전함 메인호를 아바나
항에 정박시켰다. 알 수 없는 원인으로
폭발 사고가 일어나 수병 268명이 숨지
자 미국은 이것을 전쟁의 핑계로 삼았
다. 국무장관 존 헤이가 "멋진 소규모
전쟁"이라고 부른 3개월간의 전쟁에
서 스페인은 패했다. 강화조약을 맺
기 위한 협상에서 쿠바의 혁명가들
은 배제되었고, 미국은 일방적으
로 쿠바에 자국 군대를 주둔시키
기로 결정했다.

　미국 의회는 쿠바의
식민지화를 허용하지
않았지만 미국 기업
들은 쿠바로 몰려가 목

재, 설탕, 광산, 철도산업을 집어삼켰다. 유나이티드 프루트는 4㎡(1에이커)당 20센트의 가격으로 7690㎢의 땅을 사들이는 한편, 쿠바의 설탕산업을 접수했다. 아메리칸 토바코도 쿠바에 들어갔다. 쿠바 광산의 80%는 베슬리헴 철강 같은 미국 기업의 손에 들어갔다.

미국 정부는 미국 의회의 플래트 수정안이 쿠바 헌법에 부대조항으로 삽입될 때까지 쿠바에서 군대를 철수시키지 않겠다는 입장을 밝혔다. 플래트 수정안은 "쿠바의 독립을 보호하고, 쿠바 국민의 생명과 재산, 권리를 보호하기에 적합한 정부가 유지되도록" 미국이 개입할 권리를 명시했다.

쿠바는 공식적으로는 식민지가 아니었지만 레너드 우드 장군이 테디 루스벨트에게 보낸 편지에 쓴 것처럼, "물론 플래트 수정안이 있는 한 쿠바는 독립국이라고 할 수 없는" 상황이었다. 미국은 푸에르토리코, 하와이, 괌, 필리핀도 비슷한 방법으로 점령했다. 미국은 필리핀인들의 저항운동을 4년에 걸쳐 무자비하게 진압했고 이 과정에서 수천 명의 필리핀인들이 목숨을 잃었다.

윌리엄 제임스는 여러 지식인, 정치인, 기업인들과 함께 반제국주의연맹AntiImperialist League을 결성하여 정부가 다른 나라들을 수탈하는 것에 반대했다. 필리핀인들의 저항운동이 거세지면서 미국 내에서도 이에 대한 정치적 공방이 격화되었다.

사회주의의 등장
전쟁과 애국심을 선동하는 것만으로는 국민을 통합하고 안정을 유지하는 데 한계가 있었다. 20세기 초, 사람들의 불만이 끓어오르기 시작했다. 마크 트웨인, 잭 런던, 업튼 싱클레어, 시어도어 드라이저, 프랭크 노리스 같은 유명 작가들은 자본주의 체제를 비판하고 나섰다.

《야성의 부름The Call of the Wild》 같은 모험소설로 유명한 잭 런던은 열렬한 사회주의자였다. 미혼모에게서 태어나 밑바닥 삶을 경험하며 성장한 그는 노숙과 무임승차를 하다가 경찰에 체포되어 구타와 고문을 당하기도 했다. 하지만 그런 생활을 하면서도 그는 톨스토이와 플로베르, 마르크스를 읽었다. 그는 런던의 슬럼에서 생활하며 《밑바닥 사람들People of the Abyss》이라는 논픽션을 썼고, 이후 파시즘이 미국을 지배하는 상황을 그린 《강철 군화The Iron Heel》를 썼다. "현대인이 원시인보다 더 비참한 삶을 살아가고 있다는 사실과, 현대인의 생산력이 원시인보다 1000배는 더 크다는 사실을 따져 볼 때 자본가계급이 사회를 잘못 이끌어왔다는… 범죄와 이기심으로 잘못 이끌어왔다는 결론 이외에 다른 결론을 내릴 수 없다." 그는 민중이 정부기관을 접수해서 직접 운영해야 한다고 말한다. "그것이 바로 사회주의입니다."

고달픈 삶으로 인해 다수의 민중이 불만을 갖게 되면서 사회주의 사상이 확산되었다. 파업을 통해 지배체제의 작동을 멈추게 할 수 있다는 사실을 노동자들이 깨달으면서 노동운동도 성장했다. 하지만 자본가들이 이를 환영할 리 없었다. 거리의 집회와 시위는 무자비하게 진압되었다.

초기의 노동조합은 거의 백인 남성으로만 채워졌다. 노조는 자본주의 체제 밑바닥에서 당장 자신들부터 살아남으려 발버둥 쳤기 때문에 노조 내에서도 인종차별은 극심했다. 생산수단을 소유하고 통제하는 자본가들은 노동자들을 분열시켰다. 산별 노조 연합체인 미국노동총동맹American Federation of Labor은 규모와 영향력이 점차 커졌지만 지도부가 특권과 지위에 취하면서 그들 역시 부패하게 되었다. 1905년 사회주의자, 무정부주의자, 급진적 노동운동가 200명이 시카고에 모여 새로운 노동조합 연합체인 세계산업노동자동맹IWW을 결성했다. 이들은 "자본주의의 예속 상태로부터 노동자들을 해방시키고, 자본가들을 배제한 채 노동계급이 경제권력을 소유하며 생산과 분배의 기구를 통제하는" 것을 목표로 삼았다. IWW 결성을 주도한 인물들 중에는 사회당의 지도자 유진 뎁스와 탄광노조연합을 조직한 75세의 메리 존스도 있었다.

　IWW는 여성과 흑인들을 더 이상 배제하지 않고 모든 노조를 하나의 단일한 조직으로 묶고자 했다. 그들은 폭력을 선제적으로 사용하지 않았으나 탄압을 받을 때는 반격했다. 그들은 이탈리아, 스페인, 프랑스에서 확산되고 있던 무정부주의적 노동운동anarchosyndicalism의 영향을 받았다. 이들의 사상은 IWW 창립위원 조셉 에터의 말에 잘 압축되어 있다. "만일 세계의 노동자들이 승리하고 싶다면 그들이 지닌 단결의 힘을 깨닫기만 하면 됩니다. 그들이 아무것도 하지 않고 팔짱을 끼고 있으면 온 세상이 멈출 것입니다."

꿈에서 나를 만나게 될 거예요.

하지만 자본가들은 끄나풀들을 동원해서 자신들의 의지를 관철시키려 했고 이 과정에서 무서운 일들이 벌어졌다. IWW의 창립위원이자 작곡가인 조 힐은 IWW의 조합가가 된 노래를 만들었다. 1915년 그는 솔트레이크 시에서 강도 살인을 저지른 혐의로 기소되었다. 직접 증거는 없었지만 배심원단은 정황 증거만으로 그의 유죄를 평결했다. 주지사에게 1만 통의 항의 편지가 전해졌지만 그는 결국 총살형을 당했다. 이 무렵 시위대는 경찰과 폭력배들에게 무참히 짓밟히기 일쑤였다. 시위대는 곤봉에 맞았고 주먹질과 발길질을 당했으며 납치되어 고문을 당하거나 총에 맞기도 했다. 1904년 한 해 동안 4000회의 시위가 벌어졌다.

사태를 진정시키기 위해 정부는 개혁조치를 단행했고 이때 내려진 조치들로 인해 '진보의 시기'라는 용어가 생겨났다. 개혁은 근본적인 변화를 꾀하기보다는 소요를 가라앉히는 데 집중되었다. 시어도어 루스벨트 대통령 재임 중 철도, 송유시설, 식품, 약품, 전신, 전화, 은행에 대한 규제를 강화하는 법안들이 통과되었다. 이 조치들은 기득권을 위협할 정도는 아니었지만 지배계급이 가진 부의 일부가 노동계급에게 분배되는 효과를 낳았다. 이로써 사회의 불안 요소가 줄어들었고 부의 양극단 사이에 완충지대가 생겨났다.

개혁조치로 인해 중앙정부의 권한이 강화되었고 기업은 정부에 대해 더 큰 영향력을 행사하게 되었다. 기업은 정부의 개혁조치에 반대하지 않았는데 이는 불안한 자본주의 체제가 정부의 조치로 인해 안정되었기 때문이다. 루스벨트는 독과점을 무너뜨린 정치인으로 알려져 있지만 실제로는 그의 후임자인 공화당 출신 윌리엄 하워드 태프트가 독과점을 더 많이 해소했다.

전쟁국가

주기적인 불황과 경제위기, 부자와 극빈층 사이의 극심한 격차, 그리고 밑바닥 계층의 격렬한 저항이 있을 수밖에 없는 자본주의 사회에서 전쟁은 여러 목적으로 활용된다. 전쟁은 새로운 시장을 창출하고 생산량을 증대시키며 기업의 부를 늘려준다. 또한 애국심을 자극해서 반대세력의 목소리를 가라앉히고 평화 시에는 결코 받아들여지지 않을 행동들을 정당화한다.

20세기가 시작되고 얼마 지나지 않아 서구가 오래 누려온 평화와 번영, 발전의 시기는 끝이 났다. 유럽에서 불붙은 제1차 세계대전은 몇 년간 계속되었다. 1000만 명이 전쟁터에서 죽었고 2000만 명이 굶주림과 질병으로 사망했다. 밀고 밀리는 전투에서 몇km를 전진하기 위해 수천 명이 목숨을 잃었다.

진은 이 전쟁이 무엇을 위한 것이었는지, 인류에게 무엇을 가져다주었는지 말할 수 있는 사람이 아무도 없다고 말한다.

사회주의자들은 이 전쟁을 제국주의 전쟁이라고 불렀다. 앞서가는 자본주의 국가들이 영토와 자원, 식민지를 두고 싸움을 벌인 것이었다. 우드로 윌슨 대통령은 1916년 재선에 도전하면서 자신의 첫 임기 동안 미국이 전쟁에 휘말리지 않았다는 점을 내세웠다. 하지만 재선에 성공하자 그는 곧바로 미국의 참전을 결정했다.

참전의 정당성을 확보하기 위해 윌슨은 적국에 물자를 실어 나르는 배를 격침시키겠다는 독일의 발표에 주목했다. 윌슨은 "미국 시민들의 권리를 제한하는" 어떤 조치에도 동의할 수 없다고 말했지만 얼마 지나지 않아 자국민

들을 유럽의 전쟁 속으로 밀어 넣었다.

미국은 1914년 당시 불황을 겪고 있었지만 연합국에 대한 전쟁물자 공급으로 미국 기업은 좋은 시장을 얻었고 추락하던 경제는 되살아나기 시작했다. 윌슨은 해외 시장의 필요성을 역설했는데 제1차 세계대전은 미국 기업들에게 큰 시장을 만들어주었다. 윌리엄 듀보이스는 미국 자본주의가 국제적 갈등과 주기적인 전쟁을 필요로 하며, 이는 부자와 빈곤층을 인위적으로 통합시킬 뿐만 아니라 가난한 사람들의 분노를 다른 곳으로 향하게 만들 수 있다고 말했다.

윌슨의 전기 작가는 전쟁이 윌슨과 '여론에 의해' 결정되었다고 적었지만, 진은 대중매체의 인위적인 여론조작이 전쟁에 대한 지지를 이끌어냈다고 주장한다. 실제로 정부가 100만 명 규모를 기대했던 자원 입대자 수가 7만3000명에 그치자 의회는 징병법을 제정할 수밖에 없었다.

의회가 선전포고를 하자 사회당이 주최하는 집회에는 매번 수천 명이 운집했다. 의회는 사회당의 세력이 커지는 것을 막기 위해 간첩법Espionage Act을 통과시켰다. 이 법은 "불복종, 반역, 반란, 또는 병역거부 행위를 유도하려는" 사람에게 최고 20년형을 선고하도록 했다. 간첩법은 전쟁에 반대하는 의견을 말이나 글로 표현하는 사람들을 위

*자본의 꼭두각시라 비판받았던 시어도어 루스벨트(위)가 우드로 윌슨(아래)을 전쟁광이라며 비난하고 있는 모습이다. (옮긴이)

협하고 감옥에 가두
는 데 악용되었다.
1918년 사회당 지도
자 유진 뎁스는 병역
거부로 세 명의 사회당원
이 수감되어 있는 교도소 앞에
서 연설을 했다. 그는 간첩법 위반 혐
의로 기소되어 10년형을 선고받았다. 뎁스는
1921년 32개월의 형기를 마치고 워렌 하딩 대
통령에 의해 사면되었다. 간첩법으로 기소된 사
람은 2000명에 달했으며 이 중 900명은 실형을
선고받았다.

1921년 〈뉴욕타임스〉는 사설에 이렇게 적었다.
"반정부 선동행위를 목격하거나 인지했을 경우 관
련 기관에 신고하는 것은 선량한 시민의 의
무다." 우정성郵政省은 전쟁에 반대하는
내용의 인쇄물에 대해서는 우편요금 별
납의 혜택을 주지 않았다. 로스앤젤레스
에서는 독립전쟁을 다룬 〈1776년의 정
신〉이라는 영화가 상영되었는데, 이 영화
에는 영국 군대가 미국인들에게 잔혹행위를 저지
르는 장면이 있었다. 이 영화의 제작자는 간첩법 위반으로 기소되었고, 판사
의 말을 빌리면 그의 혐의는 "우리의 동맹인 영국에 대한 선량한 믿음"에 악
의적 의문을 제기했다는 것이었다.

1918년에 끝난 전쟁에서 5만 명의 미국인이 목숨을 잃었다. 종전 후 미국
의 지배계급은 사회주의의 부상에 위협을 느꼈다. 1920년 무정부주의자 안
드레아 살세도가 FBI에 체포되어 누구와의 접촉도 금지된 채 뉴욕의 파크로
우 빌딩 14층에 8주간 감금되었다. 그의 시신이 건물 앞 인도에서 형체를 알

아볼 수 없을 만큼 으스러진 채 발견되었을 때 FBI는 그가 자살했다고 발표했다. 살세도가 죽은 후 신변에 위협을 느낀 그의 친구 니콜라 사코와 바르톨로메오 반제티는 총기를 휴대하고 다니기 시작했다. 그들은 전차를 타고 가

다가 어느 구두공장에서 강도 살인을 저질렀다는 혐의로 긴급 체포되었다. 그들은 유죄 평결과 사형 선고를 받았고, 7년의 상소 끝에 전기의자에서 사형을 당했다.

대공황기의 미국

제1차 세계대전이 끝나자 미국 전역에서 파업이 일어났다. 3만5000명의 조선소 노동자들이 시작한 파업은 시애틀에서 10만 명이 참여한 총파업으로 번졌으며 이는 도시 기능을 마비시켰다. 파업과 조업중단은 다른 사업장으로 번져갔다. 이후 IWW에 대한 대대적인 탄압으로 지도부 상당수가 투옥되고 조직은 쇠퇴의 길을 걸었다. 사회당은 분열되었다. 1920년대에는 실업률이 낮아

지고 호황이 이어졌지만 실질임금 상승은 오로지 상위 10%의 몫이었다. 시위와 조업중단은 잦아들었고 설령 일어난다고 해도 정보의 이동을 통제하는 거대 매체는 이를 거의 보도하지 않았다.

시어도어 드라이저, 싱클레어 루이스, 스콧 피츠제럴드 같은 작가들은 주류 언론이 보도하지 않는 이야기들을 그들의 작품에서 다루었다. 피츠제럴드는 '재즈 시대의 메아리'라는 에세이에서 "공작의 태평함과 쇼걸들의 가벼움 속에 살아 가는 이 나라의 상위 10%"에 대해 이야기했다. 싱클레어 루이스는 소설《배빗Babbit》에서 새로 찾아온 번영의 얄팍함과 허위를 이야기했다. 1929년, 주식시장의 붕괴와 함께 대공황이 찾아왔다. 투기가 불러 온 거품은 꺼졌고 그와 함께 경제는 무너졌다. 진의 관점에서 보면 자본주의 체제는 오로지 이익을 추구하는 기업의 탐욕에 의해 움직이기 때문에 근본적으로 취약할 수밖에 없다. 한 사회를 이끄는 원리로 자본주의는 무력하기만 했다.

주식시장 붕괴로 온 나라가 충격을 받았고 새로운 동력은 찾을 수가 없었다. 5000개의 은행이 문을 닫으면서 돈의 순환이 멈췄다. 현금을 융통할 방법이 없어진 수많은 기업들이 폐업했다. 당국도 어디에서부터 손을 대야 할지 몰랐다. 허버트 후버 대통령은 경제가 위기라는 사실을 부정했다. 주식시장이 붕괴되기 직전 그는 미국이 빈곤에 대한 최종승리를 눈앞에 두고 있다고 말했다. 대공황 초기에도 그는 상황이 곧 좋아질 것이라고 말했다. 식품과 의류와 온갖 상품이 넘쳐났지만 유통과 판매에서 수익이 나오지 않았기 때문에 상품들은 창고에 그대로 쌓여 있었다. 사람들은 주택을

걱정 마십시오. 금방 좋아질 겁니다.

STOCK MARKET

매입할 여유가 없었고 팔려고 내놓은 집은 늘어만 갔다. 집을 잃은 사람들이 빈민촌을 형성했고 이런 마을들은 '후버빌'이라고 불렸다.

집을 잃은 퇴역군인들이 참전 특별수당 지급을 앞당겨달라고 의회에 요구하기 위해 워싱턴 D.C.에 모여들었다. 예정된 지급 시기가 되지 않았지만 그들은 돈이 필요했다. 2만 명이 넘는 퇴역군인들이 포토맥 강변을 따라 진을 치고 농성을 시작했다. 일부는 비어 있는 정부 건물에 들어갔고 어떤 이들은 판자를 가져다 임시 거처를 만들었다. 참전 특별수당 지급에 관한 법률은 하원을 통과했지만 상원에서 부결되었다. 퇴역군인 일부가 떠났지만 다수는 농성을 계속했다. 후버 대통령은 해산 작전을 명령했다. 군은 기병과 보병 각 4개 중대, 경기관총 1개 중대, 탱크 6대를 동원했다. 더글러스 맥아더 장군의 지휘 아래 드와이트 아이젠하워 소령과 조지 패튼 소령이 해산 작전을 이끌었다. 군 병력은 최루탄을 쏘고 천막에 불을 지르며 퇴역군인들과 그들의 가족을 내쫓았다. 이 과정에서 퇴역군인 두 명이 총에 맞아 목숨을 잃었다. 생후 11주의 신생아가 죽었고 8세 소년은 한쪽 눈을 실명했으며 1000여 명의 퇴역군인들이 부상을 입었다.

1932년 재선에 도전한 후버 대통령은 프랭클린 D. 루스벨트에게 큰 표 차이로 패했다. 루스벨트는 대통령에 취임하자마자 자본주의 체제를 재편하고 반대세력의 확장을 막기 위해 광범위한 개혁조치를 단행했다. 일련의 조치들을 통해 많은 일들이 시행되었다. 하지만 국가재건법National Recovery Act은 대기업에게 엄청난 이윤 창출의 기회를 주었고, 농업조정법 Agricultural Adjustment Administration은 대규모 농장을 운영하는 기업에 특혜를 주었다. 광범위한 실업과 극심한 빈곤이 여전히 존재했고 이는 폭력과 소요 사태로 이어졌다. 1934년, 노동쟁의를 규제하기 위해 와그너 법 Wagner Act이 의회를 통과했다.

일부에서는 노동자들의 자발적인 농성이 노조 지도부가 이끄는 파업보다 더 효과적이라는 주장이 나왔다. 1936년 전국적으로 48건에 불과했던 농성파업이 이듬해에는 477건으로 늘어났다. 연방노동위원회National Labor Relations Board는 노동조합에 법적 지위를 부여했고 이는 노조의 투쟁을 온건하게 만드는 계기가 되었다. 체제는 새로운 통제 방법을 끊임없이 만들어냄으로써 저항세력에 대응했다.

제2차 세계대전: 제국의 충돌

약탈적 자본주의가 극단적으로 왜곡된 형태인 파시즘이 유럽에서 세력을 넓히며 커다란 위협이 되자 연합국은 공산주의 국가와도 손을 잡았다. 파시스트 정부는 악의 세력을 대표했다. 그러나 일단 전쟁이 발발하자 싸움은 단순히 선과 악의 대결이 아니었다.

남북전쟁이 노예해방을 위한 전쟁이 아니었듯이 미국은 개전 초기 히틀러의 손아귀에서 유대인들을 구하는 일에 뒷짐을 지고 있었다. 미국 기업들은 추축국에 전쟁물자를 계속 공급했다. 미국 석유회사들은 에티오피아를 침공한 이탈리아에 석유를 수출했다. 스페인에서 파시즘에 반대하는 민중봉기가

일어났을 때 루
스벨트는 중립법Neutrality Act을
발의함으로써 스페인의 독재자 프랑코
가 히틀러와 무솔리니의 지원을 받아 민중봉기를
무자비하게 짓밟는 것을 눈감아주었다. 미국 정부는 일본이 중국
인들을 학살하는 동안 아무런 대응을 하지 않다가 일본이 진주만
을 공격하고 주석과 석유를 얻기 위해 동남아시아를 침공하자 그
제야 대응에 나섰다. 미국 정부는 미국에 거주하는 11만 명의 일
본계 미국인들을 전쟁 기간 동안 강제수용소에 몰아넣기도
했다. 미국은 백인 우월주의를 신봉하는 히틀러와 싸웠지
만 미군 내에서는 인종차별이 여전했다. 제2차 세계대
전은 시장, 영토, 자원을 놓고 제국들이 벌인 각축전이
었으며, 전쟁의 최대 수혜자는 부유한 산업국가의 지배
계급이었다.

애국주의적 경향과 주요 노조의 무쟁의 선언에도 불
구하고 전쟁 기간 동안 1만4000건의 파업이 일어났고 미국
역사상 최대 인원인 700만 명이 파업에 참여했다. 반전운동도
활발하게 펼쳐지면서 4만3000명이 징병을 거부했다. 민간인
거주 도시를 먼저 폭격한 것은 독일과 이탈리아였지만 나중에
독일과 일본의 도시를 쑥대밭으로 만든 연합군의 폭격은 그 규
모가 훨씬 컸다. 독일 드레스덴에서는 연합군의 화염폭탄으
로 10만 명 이상이 사망했다. 일본 전역을 불바다로 만
든 폭격으로 도쿄에서만 하룻밤 사이 8만 명이 목숨
을 잃었다. 히로시마에 떨어진 원자폭탄은 단숨에
10만 명을 죽였고, 살아남은 사람들은 영구적인
후유증에 시달리게 되었다. 늘 그랬듯이 이 전쟁
에서도 모든 교전 당사국의 평범한 사람들은 가장
많은 대가를 치르고도 얻은 것은 거의 없었다.

미국은 일본 측에 무조건적인 항복을 요구했다. 만일 미국이 한 가지 조건—일본인들이 신성한 존재로 떠받드는 천황의 안위를 보장한다는—에 동의했더라면 일본은 훨씬 이른 시기에 항복했을 것이다. 실제로 미국이 일본 본토를 공격하기 전부터 일본은 항복을 준비하고 있었다. 일본의 암호를 해독한 미국 정보 당국은 그 사실을 알고 있었다. 러시아는 유럽에서 전쟁이 끝나고 90일이 지난 1945년 8월 8일에 일본에 선전포고를 할 예정이었다. 그런데 이틀 전인 8월 6일 히로시마에 원자폭탄이 투하되었다. 나가사키에 떨어진 두 번째 폭탄은 우라늄 폭탄이 아닌 플루토늄 폭탄이었다. 원폭은 이미 예정되어 있었고 일본이 항복을 앞두고 있었음에도 원폭은 계획대로 실행되었다. 진은 두 번째 폭탄이 실험을 목적으로 투하되었을 가능성을 의심한다.

제2차 세계대전이 끝나기 전부터 서구와 공산주의 진영의 냉전은 이미 시작되었다. 미국 전역으로 퍼진 반공주의의 광풍은 매카시즘으로 이어졌고 상원은 다수의 미국인들에게 공산주의자라는 낙인을 찍는 법정이 되었다.

미국이 대공황에서 빠져나오는 데 결정적 동력이 된 군수산업은 전쟁이 끝난 뒤에도 건재했다. 냉전은 군비 지출과 징병을 정당화하고 공동의 적 앞에 미국인들을 하나로 결집시키는 수단이 되었다. 마약에 중독된 것처럼 군비 지출은 점점 늘어났고 기업들은 저마다 한몫씩 챙기기 위해 경쟁을 벌였다. 군인 출신인 아이젠하워 대통령이 이임사에서 경고했듯이 평화 시에도 고스란히 유지된 군수산업은 정부 정책에 부당한 영향력을 행사하기 마련이었다.

흑인 민권운동

흑백분리의 사회적 관행에 익숙해 있던 미국인들에게 1950년대와 60년대에 분출된 흑인들의 저항은 큰 충격이었다. 하지만 노예로 살아간 흑인들의 고통과 분노를 직시한 사람들에게 그것은 너무나 당연한 저항으로 여겨졌다. 문학은 이미 한 세기 전부터 흑인들의 현실을 작품에 담고 있었다. 마크 트웨인의 《허클베리 핀》과 해리엇 비처 스토의 《톰 아저씨의 오두막》, 그리고 랭스턴 휴스, 클로드 맥케이, 폴 로렌스 던바, 마거릿 워커, 리처드 라이트, 윌리엄 듀보이스 같은 20세기의 흑인 작가들도 문학 작품을 통해 흑인들의 목소리를

표출하고 있었다. 특정한 인종을 영구히 열등한 위치에 두
려는 사회제도는 막 불이 붙은 뜨거운 쟁점이 되었다.

　1930년대에 등장한 흑인들의 투쟁은 제2차 세계대전을 거
치는 동안 잠시 수그러들었다. 전쟁이 끝난 뒤 소련과 체제경
쟁이 벌어지면서 미국의 지도자들은 미국이 위선적인 인권정책
을 유지하는 억압적인 국가로 비치는 것이 공산주의와의 체제
경쟁에서 불리하게 작용할 수 있음을 우려
했다. 더군다나 제3세계 민중들의 자결권
운동은 마르크스 사상을 받아들이고 있
었다. 1946년 해리 트루먼 대통령은 인
권위원회Commission on Civil Rights를 구성
했다. 인권위원회는 정부에 린치, 투표
권 차별, 고용차별을 금지하는 법을 확대
하도록 권고했다. 위원회는 이러한 조치
가 도덕성에도 부합하지만 경제적 이
유에서도 합리적이라고 밝혔다. 차별
정책은 돈과 자원 낭비일 뿐만
아니라 국제정치에서 미국
의 지위를 손상시킬 수 있기 때
문이었다. 트루먼은 1948년 대통령 선거에서 좌파
인 진보당의 도전을 받은 바 있었다. 그는 취임 직후
군대 내 차별정책을 "가능한 한 신속하게" 척결하라
는 행정명령을 내렸다. 행정명령이 완전히 시행되기
까지는 10년이 걸렸다.

도덕성으로 안 되는
일도 이윤 추구로 접
근하면 되거든요.

　1954년 대법원은 19세기 말부터 유지되어온
'분리하되 평등한' 법률 조항이 헌법에 위배된
다고 판단했지만 법 개정 시한은 따로 제시하
지 않았다. 1년 후 대법원은 법 개정이

"차근차근 신중하게" 이루어져야 한다고 결정했다. 그로부터 10년이 지난 뒤
에도 남부의 학교들 중 75%는 여전히 흑백분리를 유지하고 있었다. 하지만
1950년대 중반부터 남부의 흑인들은 그들의 일상적인 삶에서
부터 변화를 이끌어내기 위해 싸웠다.

1955년 앨라배마 주 몽고메리에서
43세의 흑인 재봉사 로자 파크스는
흑인은 버스의 뒤쪽 좌석에 앉아야
한다는 법규를 위반한 혐의로 경찰에
체포되었다. 몽고메리의 흑인들은 집
회를 열어 시내버스 이용을 거부하기
로 결의했다. 시 당국은 집회를 주
도한 100명을 고발했고 그들 중 많
은 이들이 수감되었다. 백인 우월
주의자들은 흑인 교회 네 곳에 불을
질렀고, 집회 주도자 중 한 사람인
마틴 루터 킹의 집에 총격을 가하고
폭탄을 터뜨렸다. 킹은 간디가 역설
한 비폭력 저항의 원칙을 고수했는
데 이는 큰 효과를 거두었다. 권력자
들은 폭력을 다루는 방법을 잘 알고 있
었다. 하지만 비폭력 앞에서 그들은 당황했다.
오히려 세계의 이목이 집중된 가운데 당국의 폭력이 비난
을 받기 시작했다.

당국은 차별과 분리를 금지하는 법규의 시행을 끝내 거부했을 뿐만 아니라 민권운동에 참여하는 흑인들을 보호하기 위한 어떠한 조치도 취하지 않았다. 흑인들은 점차 인내심을 잃어갔다. 흑인들의 지위 향상은 여전히 선언에만 머물렀다. 비폭력 저항의 원칙은 일관되게 유지되었지만 일부 흑인들은 아무런 대응 없이 폭력을 감내하기를 거부했다. 전미유색인종지위향상협회NAACP의 노스캐롤라이나 주 먼로 지부를 이끌고 있던 로버트 윌리엄스는 공격을 받을 경우 흑인들도 자위권을 행사해야 한다고 주장했다. KKK 단원들이 어느 NAACP 지도자에게 총격을 가했을 때 윌리엄스는 응사를 했다.

인종평등회의Congress of Racial Equality라는 단체는 흑인들의 좌석을 따로 지정한 고속버스 회사들에 항의하기 위해 자유승차단Freedom Rides을 조직했다. 승객의 좌석을 차별하는 것은 1947년부터 이미 불법으로 규정되어 있었다. 하지만 1961년 당시 대통령이었던 케네디는 남부 출신 정치인들의 반발을 우려해서 여전히 필요한 조치를 취하지 않고 있었다. 자유승차단은 주먹질과 곤봉 세례를 받았다. 앨라배마에서는 버스가 방화로 불타기도 했다. FBI가 조사에 나섰지만 후속조치는 없었다. 경찰은 폭력 행위를 제지하기 위한 조치를 취하지 않았다. 로버트 F. 케네디 법무장관은 법의 준수를 요구하기는 커녕 자유승차단이 경찰에 체포되는 것을 묵인하기로 미시시피 당국과 합의했다.

이 같은 탄압에도 불구하고 민권운동은 점차 확산되며 흑인과 백인, 남부와 북부, 그리고 전 세계의 광범위한 지지를 받게 되었다. 물론 민권운동이 순탄치만은 않았다. 1963년 버밍햄에서는 수천 명의 시위대가 경찰의 곤봉과 최루탄, 고압 살수차에 강제 해산되기도 했다. 법무부는 1963년 석 달 동안 1412회의 시위가 벌어졌다고 발표했다. 전 세계가 이 모든 상황을 지켜보았다.

1963년 여름, 케네디 대통령이 워싱턴에서 열릴 예정인 대규모 행진에 지지의 뜻을 밝히면서 행사는 우호적인 분위기에서 진행되었고, 마틴 루터 킹은 이곳에서 "나에겐 꿈이 있습니다"로 잘 알려진 연설을 했다. SNCC의 지도자 존 루이스는 대행진 주최 측으로부터 연설의 수위를 낮춰달라는 요청을 받

앗다. 대행진이 열리고 18일이 지났을 때 버밍햄의 어느 흑인 교회에서 터진 폭발물에 네 명의 주일학교 어린이들이 사망하는 사건이 발생했다. 많은 흑인들은 정당한 방어조차 포기하고 우호적인 이야기만 하는 것에 더 이상 만족하지 않았다. 말콤 X의 과격한 주장에 동조하는 사람들이 늘어났다. 말콤은 케네디가 대행진을 지지하는 순간 그가 행진을 장악했고 분노는 식어버렸다고 말했다. 그는 또한 대행진이 광대가 등장하는 서커스나 소풍이 되고 말았다고 비판했다. "자유를 얻기 위해서라면 여러분이 무슨 짓이든 할 것이라고 적이 느껴야 합니다. 그래야 자유를 얻을 수 있습니다. 그것이 자유를 얻을 수 있는 유일한 방법입니다."

1964년 6월, 민권운동가들은 백악관에서 멀지 않은 어느 극장을 빌려 미시시피 주에서 온 흑인들로부터 그들이 겪은 위협에 대해 증언을 듣는 자리를 마련했다. 이 자리에 나온 변호사들은 폭력에 대응해야 할 정부의 책임과 법적 권한에 대해 증언했다. 이 행사의 발언록은 존슨 대통령과 로버트 케네디 법무장관에게 전달되었다. 두 사람 모두 아무런 반응도 내놓지 않았다. 그로부터 12일 후, 한 명의 흑인과 두 명의 백인 민권운동가가 미시시피 주에서 경찰에 체포되었다가 한밤중에 풀려났다. 그들은 쇠사슬로 폭행을 당한 뒤 총에 맞은 시신으로 발견되었다. 살인범들 가운데 일부는 나중에 징역형을 선고받았다. 하지만 많은 흑인들은 이 사건을 접하며 연방정부가 인종차별주의자들의 잔인한 폭력을 음성적으로 부추겼던 과거의 기억을 떠올리지 않을 수 없었다.

1965년 존슨 대통령이 발의한 투표권법Voting Rights Act이 의회에서 통과되

었다. 이 법은 연방정부 차원에
서 투표권 보호를 약속했다. 존슨 대통령이
이 법안에 서명하고 있을 때 캘리포니아 주 와츠
에서 젊은 흑인 운전자가 경찰에 체포되는 모습
을 지켜보던 사람이 곤봉으로 구타를 당하고, 한
여성은 경찰관에게 침을 뱉었다는 누명을 쓰고 연
행되는 사건이 발생했다. 폭동이 일어났고 곳곳에서
약탈과 방화가 이어졌다. 주 방위군이
진압에 나서면서 34명이 사망하고 수백
명이 부상을 당했으며 4000명이 체포되
었다. 비폭력은 점차 희미해지고 폭력
이 그 자리를 대신했다.

1967년 미국 역사상 가장 격렬한 폭동이
일어났다. 도시 소요 사태에 관한 국가자문위원회National
Advisory Committee on Urban Disorder는 8건의 중대한 폭동과 '심각하지만 중대하
지 않은' 33건의 폭동, 그리고 사소한 123건의 소요 사태가 일어났다고 밝혔
다. 83명이 총기에 의해 사망했는데 대부분 흑인이었다.
보고서는 '전형적인 폭도'는 고등학교 중퇴 학력의 불
완전 고용 또는 단순 노무직 흑인이었으며 이들은 대
체로 공격적이고 백인에 대해 적대적이었다고 분석
했다. 보고서는 소요 사태의 원인으로 백인들의 인
종차별을 지목했다. 이는 문제를 인정한 것이었지
만 상황을 진정시키기에는 충분치 않았다. 1968년 의
회는 시민의 권리를 부당하게 제한하는 행위에 대해 처
벌을 강화하는 내용의 민권법 개정안을 통과시킴으
로써 사태에 대응했다. 하지만 경찰과 군인은 처
벌 대상에서 제외되었다. 이 법안에 반대한 사
람들은 "(시민의 권리 행사를 방해하는) 폭동을
계획 또는 사주하거나 폭동에 가담하기 위해" 주

경계선을 넘는 사람에 대한 강력한 처벌 조항을 포함시켜야 한다고 주장했다. 그들은 폭력을 행사할 위험이 있는 3인 이상의 집단이 예비 또는 실행하는 모든 행동을 그러한 범주에 포함시켰다. 아이러니하게도 이 법의 적용을 받아 최초로 기소된 사람은 H. 랩 브라운이라는 흑인이었다. 그는 메릴랜드 주에서 소요 사태가 발생하기 전에 과격한 연설로 군중을 선동한 혐의를 받았다. 이 법은 민주당 전당대회 기간에 일어난 반전시위에서 폭동과 내란을 선동했다는 혐의로 기소된 시카고의 일곱 피고인Chicago Seven에게도 적용되었다.

1967년 마틴 루터 킹은 기존의 민권운동에서 광범위한 사회변혁운동으로 투쟁의 범위를 넓히면서 베트남전 반대운동에 나섰다. 이 시기에 그는 FBI의 표적이 되어 있었다. 1976년에 나온 상원 보고서의 표현을 빌리면 FBI는 킹을 '파멸시키기' 위해 조직적으로 움직였다. 그의 전화 통화 내용은 감청되었고 그가 투숙한 호텔 객실에는 도청장치가 설치되었다. FBI는 킹에게 만일 자살하지 않으면 그의 위신을 치명적으로 손상시킬 수 있는 정보를 흘리겠다는 협박 편지를 보내기도 했다.

킹이 암살을 당한 직후 전국에서 발생한 소요 사태로 39명이 숨졌고 이 중 35명이 흑인이었다. FBI는 흑인 민권운동 지도자들에 대한 감시를 강화하면서 그들에게 체제전복 세력 또는 공산주의자라는 딱지를 붙였다. 1969년 12월 4일 새벽 5시, 반자동 소총과 산탄총으로 무장한 시카고 경찰이 흑표범당Black Panthers 당원의 집을 급습했을 때 경찰은 최소한 82발의 총탄을 발사

하여 흑인 청년 두 명을 사살했다. 그중 한 명은 침대에서 총을 맞았다. 경찰이 그들의 아파트를 급습하기 전에 FBI는 흑표범당 내부에 심어놓은 정보원으로부터 아파트의 내부 평면도를 넘겨받았다.

정부는 1956년부터 1971년까지 방첩계획Counterintelligence Program 또는 COINTELPRO라는 명칭의 비밀공작을 수행했다. 당시에는 알려지지 않았던 이 계획은 흑인 민권운동 단체에 대해 295회의 공작을 벌였다.

1970년대 초, 백인 기득권층은 '흑인 자본주의'를 대대적으로 홍보하면서 소수의 흑인들을 중산층에 편입시켜주었다. 하지만 변화는 미미했다. 1974년 기준으로 흑인이 소유한 기업 가운데 가장 많은 수익을 올린 곳은 모타운 레코드사였는데 이 회사의 연간 매출은 4500만 달러였다. 당시 석유회사 엑슨Exxon의 매출액은 420억 달러였다. 미국의 전체 사업소득에서 흑인 소유 기업이 차지한 비중은 0.3%였다.

실패한 침공

1964년부터 1972년까지 세계 최강의 군사력을 가진 가장 부유한 나라가 아시아의 가난한 농업국가에서 일어난 독립투쟁을 억누르기 위해 핵무기를 제외한 모든 무기를 다 쏟아붓고도 승리를 거두지 못했다. 베트남전쟁은 미국 역사상 가자 큰 규모의 반전운동을 촉발했다.

베트남은 19세기 중반부터 프랑스의 식민 지배를 받았다. 그러다 제2차 세계대전 중 일본에 점령되었다. 일본은 패전과 함께 베트남에 대한 지배권을 상실했다. 미 국방부 비밀문서에 기록된 바와 같이 베트남의 지도자 호치민은 미국 독립선언문의 철학과 문구를 차용한 헌법을 토대로 베트남을 하나로

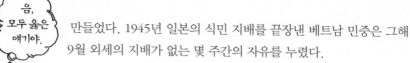

음, 모두 옳은 얘기야.

만들었다. 1945년 일본의 식민 지배를 끝장낸 베트남 민중은 그해 9월 외세의 지배가 없는 몇 주간의 자유를 누렸다.

연합국은 이 상황을 수습해서 베트남을 프랑스에 돌려주기를 원했다. 영국은 인도차이나 남부를 점령했다가 이 지역을 프랑스에 반환했다. 장제스의 국민당도 미국의 설득으로 그들이 점령하고 있던 인도차이나 북부를 프랑스에 넘겨주었다. 1945년 말과 1946년 초 사이에 호치민은 트루먼 대통령에게 여덟 통의 편지를 보내 루스벨트와 영국의 처칠 수상이 공동선언한 대서양 헌장Atlantic Charter을 상기시켰

다. 루스벨트와 처칠은 이 선언에서 전후 모든 나라가 자결권을 가지고 있음을 천명한 바 있었다. 트루먼은 호치민에게 회신을 하지 않았다.

1946년 프랑스는 베트남의 저항세력을 제압하기 위해 하이퐁 항을 폭격했고 이는 8년간의 전쟁으로 이어졌다. 미국은 프랑스에 대규모 군사원조를 제공했다. 1954년까지 미국은 30만 정의 소총과 기관총, 그리고 10억 달러를 프랑스에 지원했는데 이는 프랑스가 지출한 전비의 80%에 해당하는 규모였

다. 이러한 대규모 원조를 한 이유는 국가안전보장회의 비밀보고서에서 찾을
수 있다. 미국은 동남아시아가 공산주의의 영향권에 들어갈 경우 주석, 철광
석, 석탄, 석유 등 미국의 이해관계가 달린 자원을 확보하는 게 어려워질 것
을 우려했다.

미국은 한 국가가 공산화되면 이웃 나라들도 공산화된다는 도미노 이론에
따라 움직이고 있었다. 그래서 미국은 첫 번째 도미노를 막기 위해 전력을 기
울였다. 베트남인들은 스스로 베트남민주공화국이라고 부르는 나라의 자결
권을 원했다. 하지만 미국인들에게 그들은 공산주의자였을 뿐이다.

1954년 휴전협정을 맺고 프랑스가 베트남에서
물러나자 미국이 그 자리를 이어받았다. 제네바에
서 체결된 휴전협정에 따라 프랑스는 베트남에서
철수하고 베트남인들은 2년 이내에 선거를 통해 자
신들의 정부를 선택하게 되어 있었다.
하지만 미국은 베트남의 통일을
막기 위해 뉴저지에 살고 있던
베트남 전직 관리 응오딘지엠Ngo
Dinh Diem을 앞세워 남베트남에 친미
정부를 세웠다. 그는 미국의 의도를 충실히 따랐고
그중에는 선거를 막는 것도 포함되어 있었다. 국방부
비밀보고서에는 미국이 남베트남 정부 수립에 관여한
과정이 기록되어 있다.

응오딘지엠은 베트남인들의 지지를 받지 못했다.
그는 점점 커지는 저항세력을 억누르기 위해 안간힘을 썼다.
1961년에 취임한 케네디는 트루먼과 아이젠하워의 정책을
계승했는데 그중에는 '파괴와 경미한 혼란을 유발하기' 위해
북베트남에 요원들을 들여보내는 것도 포함되어 있었다. 제네바
협정에 따라 미국은 685명 규모의 군사고문단을 남베트남에 파견하

는 것이 허용되었다. 아이젠하워는 비밀리에 수천 명을 파견했다. 케네디 대통령 재임 중에는 그 규모가 1만6000명까지 늘어났고 그들 중 일부는 전투에 직접 개입했다. 하지만 미국의 전략은 실패로 돌아갔다. 베트남 영토 대부분은 베트남 민중의 저항조직인 민족해방전선의 영향권에 있었다.

일부 남베트남 군 장성들이 응오딘지엠을 끌어내리기 위해 쿠데타를 모의하면서 이를 CIA 요원과 의논했다. 이 요원은 베트남 주재 미국 대사 헨리 로지에게 보고했고, 로지는 이를 다시 케네디 대통령의 특별보좌관 맥조지 번디에게 보고했다. 케네디 대통령은 번디의 보고를 받고 망설였지만 결국 쿠데타에 대한 정보를 지엠에게 알려주지 않았다. 쿠데타가 일어나자 지엠은 로지에게 전화를 걸었으나 로지는 시치미를 뗐다. 지엠은 대통령궁에서 도망치다가 붙잡혀서 살해됐다. 그로부터 3주 후 케네디가 암살당했고, 린든 B. 존슨 부통령이 대통령직을 승계했다.

쿠데타로 정권을 잡은 군부는 민중의 저항을 더 이상 이겨낼 수 없었다. 저항세력의 지략과 용맹함은 미국의 군사 전문가들에게 수수께끼와도 같았다. 1964년 8월, 존슨은 통킹만 사건을 조작하여 의회로부터 전면전을 승인받았고 곧바로 북베트남에 대한 폭격을 개시했다. 1965년 20만 명의 미군이 파병되었다. 이듬해에는 20만 명이 추가로 파병되었다. 1968년 초에는 베트남에 주둔하고 있는 미군의 수가 50만 명을 넘어섰다. 공군은 역사상 어느 전쟁보다 많은 폭탄을 쏟아부었다. 남베트남의 많은 지역이 '자유사격지대'로 선포되었다. 이는 여성과 어린이들을 포함하여 이 지역에 있는 모든 사람을 적으로 간주한다는 뜻이었다. 미군의 행동은 갈수록 극단적이고 잔인해졌다. 하지만 어떤 것도 베트남 민중의 저항을 꺾지 못했다.

1968년 리처드 닉슨이 대통령으로 선출되었다. 그는 선거운동 기간 동안 자신에게 전쟁을 끝낼 비밀계획이 있다고 말했다. 그는 북베트남에 대한 폭격을 강화했지만 동시에 전쟁의 주도권을 남베트남 정부에 넘기고 미군은 무기와 공군 화력만 지원하는 '전쟁의 베트남화'를 계획했다. 닉슨은 비밀리에 라오스와 캄보디아로 폭격을 확대했다. 그는 또한 지상군의 캄보디아 침공도 명령했다. 그럼에도 미국은 전세를 뒤집지 못했고 의회는 전쟁에 대한 지지를 거두어들이기 시작했다.

반전운동이 점차 확산되었고 격렬해졌다. 대니엘 엘즈버그가 진과 촘스키의 도움을 받아 베트남전의 감춰진 역사가 기록된 국방부 비밀보고서를 폭로한 것도 반전운동의 일환이었다. 닉슨은 겉으로는 반전운동에 개의치 않겠다고 했지만 실제로는 비밀보고서 폭로에 이성을 잃었다. 대니엘 엘즈버그의 사무실을 몰래 털 계획을 세운 것도 어쩌면 그 폭로로 닉슨이 판단력을 잃었기 때문인지도 모른다. 닉슨이 캄보디아를 침공하자 반전시위는 최고조에 달했고 오하이오의 켄트대학교에서는 주 방위군의 발포로 네 명의 학생이 사망하는 사건이 발생했다. 이에 항의하는 학생 400명이 미국 역사상 가장 큰 규모로 동맹휴업에 들어갔다.

전쟁 승리가 불가능했던 것처럼 반전시위를 통제하는 것도 불가능했다. 당국은 전국이 통제불능 상태에 빠지게 될 것을 우려했다. 결국 닉슨은 물러설 수밖에 없었고 전쟁은 끝나게 되었다. 베트남은 마침내 독립을 쟁취했다. 전쟁 기간 동안 700만 톤의 폭탄이 베트남, 라오스, 캄보디아에 떨어졌다. 이는 제2차 세계대전에서 아시아와 유럽을 폭격하는 데 사용된 전체 폭탄의 2배를 훨씬 넘는 양이었다. 5만 8000명 이상의 미군이 전사했고 수십만 명이 부상을 당했으며 이 중 일부는 심각한 중상을 입었다. 그리고 수백만 명의 베트남인들이 목숨을 잃었다.

다른 투쟁들

민권운동과 반전운동으로부터 자유와 인권을 위한 다른 투쟁들도 자라났다. 이 중 가장 중요한 것이 여권운동이었다. 여권운동은 전통적인 남성 우위의

사회적 양상에 도전했으며 여성을 남성과 거의 동등한 지위로 끌어올리는 데 크게 기여했다. 이는 매우 개인적인 혁명으로 사회뿐만 아니라 가족 내 가치관과 사고구조를 뒤엎었다. 여성에 대한 억압은 너무나 오래 지속되었고 양성 모두의 정신에 너무나 깊이 박혀 있었기 때문에 그것은 대개 무시되거나 당연시되었다. 성차별에 대한 인식은 감지되지 않을 만큼 더디게 개선되다가 어느 한순간 새로운 인식과 저항으로 폭발적으로 분출되었다. 민권운동과 반전운동이 벌어지는 동안 거의 주목받지 못했던 새로운 생각이 역사의 무대에 갑자기 등장했다.

여권운동에 이어 다른 운동들도 전면에 등장했다. 헌법에 보장되어 있는 죄수들의 인권에 새로운 인식을 촉구하는 운동도 그중 하나였다. 다른 많은 사람들의 경우처럼 죄수들의 인권도 이론적으로만 존재했을 뿐 실제로는 무시되거나 억압받았다. 1970년대 초, 죄수들은 가혹하고 비인간적인 대우에 맞서 교도소 안에서 폭동을 일으켰다.

진은 형벌제도의 계급구조를 지적한다. 1969년을 기준으로 탈세액이 평균

19만 달러인 탈세 사건은 '화이트칼라 범죄'로 여겨졌으며 처벌도 비교적 가벼웠다. 탈세로 기소된 사람들 가운데 실형을 선고받은 비율은 고작 20%였고 형기 역시 평균 7개월에 불과했다. 군 복무를 거부한 '여호와의 증인' 신도들은 2년형을 선고받았다. 그런데 가난한 사람들의 범죄라 할 수 있는 자동차 절도의 경우 처벌이 훨씬 가혹했다. 평균 가액이 992달러인 자동차 절도에 대해 법원은 18개월형을 선고했다. 교도소 내 폭동은 1960년대 후반부터 서서히 증가했으며 1971년 9월 뉴욕의 아티카 교도소에서 최악의 양상으로 치달았다. 죄수들의 대우에 관한 사회적 논의는 오늘날까지 크게 진전되지 않고 있으며 어쩌면 상황은 아티카 교도소 폭동 이후 더 나빠졌는지도 모른다.

강압과 속임수, 학살에 의해 자신들의

땅을 내주고 떠나야 했던 아메리카 원주민들도 20세기 중반부터 자신들의 권리를 다시 주장하기 시작했다. 사실상 인디언들의 문명은 완전히 파괴되었고 문화와 공동체는 해체됐으며 생계수단은 이미 박탈된 상태였다. 살아남은 원주민들은 자신들의 문화를 빼앗긴 채 보호구역으로 내몰리거나 백인들의 문화를 껍데기만 받아들여야 했다. 미국 정부는 400건 이상의 협약을 인디언들과 맺었으나 이행한 것은 한 건도 없었다. 1960년대 말, 인디언들은 파기된 협약들에 대해 정부의 책임을 묻기 시작했다. 오래전 싸움이 다시 수면 위로 떠올랐다.

같은 시기에 동성애자들 또한 '동성애자 해방운동'을 통해 동등하게 대우받을 권리를 주장하기 시작했다. 1960년대와 70년대에 걸쳐 기존의 사고방식과 행동방식에 저항하는 광범위한 움직임이 일어났다. 거의 모든 관습적 사고가 검증과 검토의 대상이 되었다. 성 해방sexual liberation, 환경운동, 사이키델릭 아트, 그리고 다양한 정신운동이 이어졌다. 음악, 의상, 성 윤리 등 모든 것이 도전을 받았고 도전을 했다.

베트남전쟁 기간 동안 정부관리들에 대한 불신이 심해졌으며 닉슨 행정부의 범죄가 드러나면서 정치인들과 모든 억압적 관념에 대한 의심과 불신은 극에 달했다. 닉슨은 사임할 수밖에 없었다. 베트남전쟁은 끝이 났다. 베트남과 함께 기득권 세력도 후퇴했다. 하지만 싸움은 끝나지 않았다. 우파세력은 재편되고 있었다.

1970년대 중반 모든 것이 잠잠해졌다. 정부는 징병제를 폐지하고 모병제를 도입하여 전쟁을 가난한 사람들의 몫으로 만들었다. 군 입대는 빈곤층에게도 열려 있는 몇 안 되는 직업 선택의 기회였기 때문이다. 합병을 통해 언론매체들이 거대 자본의 손에 들어가면서 공공의 장에서 논의되는 여론의 다양성은 축소됐다. 역사의 초고라고 할 수 있는 뉴스는 거대 기업의 통제를 받게 되었고, 언론매체를 소유한 대기업은 방위산업과 여러 경제적 이해관계로 얽혀 있는 권력집단의 통제를 받았다.

닉슨이 사임한 후 권력은 남부 출신으로 보수적 성향을 가지고 있던 민주당 소속 지미 카터에게 넘어갔고, 1980년에 다시 공화당 우파 정치인 로널드 레이건에게 넘어갔다. 하지만 양당 모두 자본주의 체제를 토대로 좁게 설정된 원리를 크게 벗어나지 못했다. 기업의 이윤 추구는 사실상 모든 제도의 유일무이한 원리였고 이윤은 어떤 행동도 정당화했으며 이윤을 내지 못하는 모든 것은 존재 가치를 인정받지 못했다. 공화당과 민주당이 공유한 신념체계는 빈곤층의 희생을 대가로 소수가 부를 축적하도록 뒷받침했고, 전쟁을 국가의 지속적 정책 수단으로 받아들였다. 이러한 원리의 대안들은 양당체제에 가로막혀 대중에게 알려질 기회조차 없었다. 기업의 세계화라는 측면에서 카터, 레이건, 부시, 클린턴, 아들 부시라는 권력의 축은 신념의 대부분을 공유해온 것 같다. 유권자들의 혐오는 지독하게 낮은 투표율에 반영되고 있었다.

2000년 대통령 선거에서 민주당의 앨 고어는 전국적으로 부시보다 50만 표를 더 얻었지만 대법원은 플로리다 주의 개표 집계를 중단시키고 조지 W. 부시의 대통령 당선을 선언했다. 나중에 신문사 합동으로 최종집계를 냈을 때 고어가 플로리다에서 부시보다 더 많은 표를 얻었다는 사실이 밝혀졌다. 대통령은 당연히 고어가 되어야 했다. 하지만 아버지 부시 집권기에 임명된 안토닌 스칼리아가 이끄는 대법원은 플로리다 주의 개표 집계를 중단시킨 것에 대해 기상천외한 법적 근거를 제시했다. 모든 국민에 대한 '동등한 법적 보호'를 명시한 수정헌법 제14조가 그것이었다. 대법원의 다수 의견은 플로리다의 어떤 개표소에서는 펀치 카드 시스템을 운용했고 어떤 개표소에서는 전자 스캐너를 이용했기 때문에 개표방식이 동일하지 않았다고 지적했다. 그리고 모든 개표가 동일한 시스템으로 진행되지 않았기 때문에 '동등한 법적 보호'의 원칙이 침해받았다는 게 스칼리아의 논리였다. 그의 논리를 따를 경우 전자 개표기가 도입된 이후에 치러진 모든 선거가 법적으로 유효하지 않다고 할 수 있었다. 이 점을 의식했는지 스칼리아는 그 결정이 향후 어떠한 경우에도 판례로 인용될 수 없으며 오로지 그때 한 번만 적용된다고 발표했다.

은폐된 혁명

진은 1990년대 들어 《뉴리퍼블릭》의 어느 필자가 '영구히 적대적인 문화'라고 일컫은 새로운 조류가 미국에서 생겨났다고 말했다. 민주당과 공화당 사이에는 자본주의가 원만하게 굴러가도록 하고 대규모 군사력을 유지하며 부가 소수에게 집중된 상태를 용인한다는 것에 대해 암묵적인 합의가 있지만, 그런 체제에 동의하지 않는 사람들 역시 많았다. 다만 거대 자본의 언론이 현실에 불만을 가진 반대세력의 존재를 다루지 않기 때문에 주류 언론에서는 그들의 흔적을 찾을 수 없을 뿐이다.

Other Works

다른 저서들

하워드 진은 스무 권의 책을 집필했고 수많은 에세이와 칼럼, 희곡, 다른 저자들이 펴낸 책의 서문을 썼다. 아래에 그가 쓴 주요한 글의 목록과 그에 대한 간단한 소개를 덧붙인다.

《진 읽기: 불복종과 민주주의에 대하여The Zinn Reader: Writings on Disobedience and Democracy》

《미국 민중사》가 진의 가장 주요한 저작이라면《진 읽기》는 진의 책꽂이 다른 칸에서 중요한 자리를 차지하고 있다. 이 책은 진과 그의 연구에 대한 이해를 쌓는 데 두 번째 기둥이 될 수 있다. 700쪽 분량의 이 책은 그가 쓴 에세이와 칼럼, 그리고 다른 책들의 일부 대목을 싣고 있다. 또한 인종, 계급, 전쟁, 법, 그리고 행동주의의 '수단과 방법'을 주제로 그의 자전적 기록들을 담고 있다. 이 책은 댄 사이먼이 처음 구상했다. 1978년 파리에서 객원교수로 있는 동안 진은 세븐스토리즈 출판사의 설립자인 사이먼을 만났다. 사이먼은 《미국 민중사》를 읽은 독자들이 진이 쓴 광범위한 주제의 다른 글들을 맛보기로 접할 수 있는 책을 내보자고 제안했다. 이 책은 하워드 진의 삶과 이력에 대한 최고의 요약본으로 성공을 거두었다.

《달리는 기차 위에 중립은 없다You Can't Be Neutral on a Moving Train: A Personal History of Our Times》

이 책은 진의 자서전으로 그가 자신의 삶을 매우 개인적인 시각으로 옮긴 책이다. 진을 좋아하는 독자라면 꼭 읽어볼 만하다.

《재즈 시대의 양심: 라과디아의 의정활동Conscience of the Jazz Age: LaGuardia in Congress》

진이 박사학위 논문을 토대로 쓴 이 책은 최초로 출간된 진의 저서다. 그는 스펠만대학교에서 근무한 첫 2년 동안 이 논문을 썼다. 1934년부터 1945년까지 3선 뉴욕 시장을 지낸 피오렐로 라과디아를 다룬 이 책은 라과디아의 하원의원 시절에 초점을 맞춘다. 라과디아는 1917년부터 1933년까지 하원의원을 지냈는데, 이 기간 중 제1차 세계대전에 참전했고 1920년과 1921년에는 뉴욕시 참사회 의장을 역임하기도 했다. 진은 노동운동에 관심을 가지면서 자연스럽게 라과디아를 주목하게 되었다. 진은 원래 민권운동을 주제로 논문을 쓰려고 했지만 논문을 지도한 컬럼비아대 헨리 스틸 커메이저 교수는 박사학위 취득에 걸림돌이 될 수 있는 민감한 주제 대신 좀 더 안전한 주제를 선택하라고 진에게 조언했다.

하원에서 라과디아는 좌충우돌하는 의원이었다. 그는 '번영의 20년대'에 시대를 앞서서 노동자들의 권리를 위해 싸웠다. 진은 루스벨트가 뉴딜정책을 내놓기 전부터 라과디아가 진보적인 개혁을 지지한 점을 높이 평가했다. 라과디아는 평화, 표현의 자유, 빈곤층과 소수자의 권리를 옹호했다. 또한 식료품 가격과 주거비를 안정시키기 위해 노력했고 노동자들의 파업권을 옹호했으며

평화
표현의 자유
빈곤층의 권리
소수자의 권리
노동자의 권리

과세를 통해 부의 재분배가 이루
어지도록 싸웠다. 이 때문에 공화당 소
속이었음에도 라과디아는 종종 급진주의자
또는 사회주의자로 불리기도 했다.

박사학위 논문은 책으로 출간되면서 이 제목으로 바뀌었
다. 이어서 진은 1964년에 《남부의 비밀》과 《SNCC: 현대의 노예제 폐지론자
들》을 펴냈다. 이 두 권의 책은 그의 민권운동 경험을 바탕으로 쓰였다.

《남부의 비밀The Southern Mystique》

이 책은 진이 《아메리칸 스칼러The American Scholar》에 기고한 글을 토대로 만
들어졌다. 알프레드 A. 노프 출판사 편집자가 진의 글에 관심을 나타내며 원
고 내용을 보강해서 단행본으로 출간하자는 아이디어를 냈다. 이 책에서 진
은 가장 주목할 만한 진전은 남부에서 차별이 폐지되기 시작했다는 것이 아
니라 남부의 비밀이 걷히고 있다는 점이라고 말한다.

진은 비밀을 걷어내고 남부의 문화를 직시한다. 남부의 백인들을 둘러싼

수수께끼는 그들이 인종적 편견이라는 실체 없는 허상이 자신들의 머릿속에 있다고 믿는다는 것이었다. 진은 존재론적 접근법을 택한다. 그것은 곧 행동을 의미했다. 그 문제가 어디에서 비롯되었는지 따지는 대신에 그는 상황을 직접 변화시킴으로써 변화되는 행동을 목격했다. 진은 법이 바뀌면 사람들의 행동이 바뀌고 이 문제에 대한 사고방식이 바뀐다고 말한다. 흑인과 백인이 법 앞에서 동등한 권리를 누리며 더불어 살아갈 때 그들은 서로를 이해하게 되고 비밀은 걷힐 수밖에 없었다.

흑백차별에 대한 진의 생각은 군 복무 시절로 거슬러 올라간다. 진은 흑인

병사와 함께 식사를 할 수 없다고 난리를 치다가 결국은 식당에서 나가는 대신 조용히 식사를 마친 백인 상사를 떠올린다. 진은 남부의 백인들도 그처럼 흑백차별에 신경을 쓰지만 그들 자신의 경제적 안정이나 지역 공동체에서의 위치, 그리고 법적 처벌을 회피하는 것에 관심이 더 많다고 말한다.

인종을 가르고 서로를 이해할 수 없는 존재로 여기게 만드는 비밀을 걷어내는 열쇠는 만남이다. 사람들은 어울려 살고 함께 일할 때 서로의 차이점보다 공통점을 더 많이 깨닫게 된다고 진은 말한다. 사람들이 서로를 이해하게 될 때 인종적 차이는 대개 부차적인 것으로 밀려나기 마련이다.

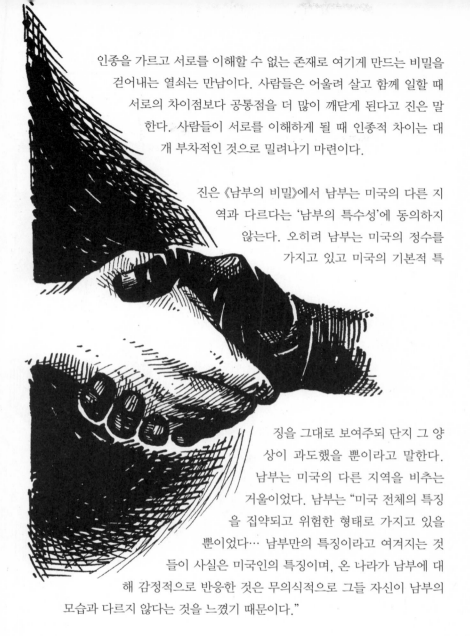

진은 《남부의 비밀》에서 남부는 미국의 다른 지역과 다르다는 '남부의 특수성'에 동의하지 않는다. 오히려 남부는 미국의 정수를 가지고 있고 미국의 기본적 특

징을 그대로 보여주되 단지 그 양상이 과도했을 뿐이라고 말한다. 남부는 미국의 다른 지역을 비추는 거울이었다. 남부는 "미국 전체의 특징을 집약되고 위험한 형태로 가지고 있을 뿐이었다… 남부만의 특징이라고 여겨지는 것들이 사실은 미국인의 특징이며, 온 나라가 남부에 대해 감정적으로 반응한 것은 무의식적으로 그들 자신이 남부의 모습과 다르지 않다는 것을 느꼈기 때문이다."

《SNCC: 현대의 노예제 폐지론자들SNCC: The New Abolitionists》

진의 세 번째 책은 학생
비폭력조정위원회SNCC
고문으로 활동한 그의 경
험을 토대로 쓰였다. 이 책의 집필
의도는 "SNCC의 활동을 개략적으로 살피고
그들이 미국 사회에 기여한 바를 알리는" 데
있었다.
언제나 그랬듯이 진은 외부인의 시각이나 객
관적인 태도를 유지하려고 애쓰지 않았다. 그는
SNCC와 밀접한 관련을 맺고 있었으며, 책은 SNCC에
관한 기록물을 참고하기도 했지만 주로 그 자신의 경
험을 바탕으로 쓰였다. 그는 SNCC를 이렇게 평가했
다. "이 세상에 결코 억누를 수 없는 정신이
인종과 국적, 계급을 초월하여 씩씩하게
살아 있음을 그들은 온몸으로 보여주
었다. 그것은 이 세상 모든 사람
을 끌어안으려는 정신이었다."

진은 SNCC 회원들을 노예
제도에 맞서 싸운 사람들에 비유했
다. "오늘날 우리는 노예제 폐지론자들과 인민당원들, 진보당원들
과 어깨를 나란히 하는, 아니 어쩌면 그들 모두를 능가할지도 모르는
사람들과 함께 살아가고 있다."

진은 심리학자 에릭 에릭슨의 이론을 차용하기도 했다. 사회성 발
달 이론을 만들고 '정체성 위기'라는 개념을 처음 사용한 에릭슨
은, 치료를 받는 환자는 "먼저 자신의 모습을 제대로 보아야만"

한다고 말했다. 에릭슨의 이론을 민권운동에 적용하면서, 진은 그때까지 흑인들은 늘 백인의 눈으로 자신을 바라보았지만 민권운동에 참여한 '젊은 검둥이들'로 말미암아 모든 미국인은 "흑인들의 눈으로 자신을 돌아보게 되었다"고 말했다. 그 결과 미국은 "나라의 현실에 보다 가까이 다가가게" 되었다.

진은 또한 차이를 주목했다. 노예제 폐지운동은 주로 뉴잉글랜드 출신의 백인들이 주도했다. 하지만 민권운동을 이끈 것은 젊은 흑인들이었다. 노예제 폐지론자들은 주로 말과 글에 의한 설득에 의존했다. 민권운동가들은 간디의 비폭력 저항을 사용했다. 현대의 노예제 폐지론자들은 '희생이라는 물리적 행동'을 통해 자신들의 메시지를 전달했다. 전 세계 미디어의 주목을 받으면서 그들은 변화와 개혁의 압력을 이끌어냈다.

과거와 현대의 노예제 폐지론자들을 이해하는 열쇠는, "일시적으로 친구들

을 화나게 만들고 갈등이 빚어질지언정 얼어붙은 현실을 깨뜨리고 사회를 앞으로 나아가게 하는 데 투쟁은 필요불가결한 것임을 인식"하는 데 있다.

진은 흑인과 백인이 함께 살아가고 일할 수 있다는 것을 민권운동이 보여

주었다고 말한다. "미국 역사상 이들처럼 흑인과 백인이 함께 어울려 신체적, 정신적, 감정적으로 매일 부대끼며 운동을 벌인 사례는 없었다." 비록 회원들이 늘 완벽한 조화를 이룬 것은 아니지만 진은 인종이 다른 사람들이 만나고 어울리는 것이 낡은 경계선을 지우는 열쇠라고 믿는다.

《뉴딜정책에 대한 단상 New Deal Thought》

진의 네 번째 책은 그가 미국역사학회 회의를 마치고 숙소로 돌아가던 택시 안에서 태어났다. 함께 택시를 탄 역사학자 레너드 레비는 알프레드 영과 함께 밥스 메릴 출판사에서 출간될 뉴딜정책에 관한 책을 쓰고 있었는데, 그는 라과디아에 관한 책으로 베버리지 상을 수상한 진에게 자신의 책을 편집해달라고 부탁했다. 자신이 구상하고 쓴 책이 아니라 단순히 편집을 의뢰받은 것이었기 때문에 진은 이 일을 그리 중요하게 생각하지 않았다. 하지만 진은 이 책의 서문을 맡아서 썼다.

진은 뉴딜정책이 만족스러운 개혁에까지 이르지 못했다고 평가했다. 하지만 뉴딜정책이 옳은 방향으로 한걸음 내디뎠다는 점과, 절대다수의 미국인들을 점점 힘들게 한

대통령님, 일이 잘되고 있었는데 왜 멈추신 겁니까?

경제적 불평등 문제를 다루기 위해 노력했다는 점은 긍정적으로 평가했다. 경제체제가 제대로 작동하지 않는 만성적 침체에서는 부자들조차 붕괴된 사회제도로 인해 곤란을 겪었다. 루스벨트의 야심찬 개혁조치는 새로운 환경을 만들면서 제도의 문제점을 고치기 위한 중요한 진전을 이뤄냈다.

진은 뉴딜정책에 대해 이렇게 말했다. "뉴딜정책은 많은 미국인들에게 그들이 혁명을 경험하고 있다는 느낌을 주기에 충분했다." 그래서 정부가 "전체주의의 나락에 떨어질 뻔한 위험을 잘 피하고… 온 나라를 열광시키며 심지어 숭배의 분위기까지 만들어냈지만… '어마어마한 천연자원과 엄청난 생산 잠재력을 이 나라의 모든 사람에게 어떻게 분배할 것인가'라는 근본적인 문제는 해결되지 않고 그대로 남아 있었다. 그것은 지금도 마찬가지다."

1939년 제2차 세계대전이 모든 개혁조치들을 집어삼키면서 미국은 이전의 상태로 돌아갔다. "미국은 미래가 없는 실업자들과, 소비 열풍에 휩싸인 거대한 중산층에 가려 2000만 명에서 3000만 명에 이르는 빈곤층이 보이지 않는 원래의

NEW DEAL =
SAME
OLD
THING

뉴딜정책 =
뻔한
정책

상태로 돌아갔다. 이는 매우 효율적이면서도 동시에 소모적인 체제였다." 엄청난 양의 물건들을 만들어냈다는 점에서는 효율적이었지만 필요한 물건이 아닌, 부자들을 더욱 부유하게 만들어줄 물건들을 생산했다는 점에서 이 체제는 소모적이었다.

진은 뉴딜정책이 거둔 성과는 "대공황을 거치며 추락한 중산층의 미국을 쇄신하고 실업자 수를 절반으로 낮췄으며 공공주택과 최소한의 사회보장에 의존해야 하는 극빈층에게 국가가 선의를 가지고 있음을 느끼게 해준 정도"라고 말했다.

진은 뉴딜정책에 대한 자신의 평가가 호의적이지 않다는 점을 인정하면서도 무릇 역사학자는 과거를 논하면서 현재를 평가한다고 말했다. 진은 서먼 아놀드, 헨리 월리스, 데이비드 릴리엔솔, 해럴드 이키즈, 존 메이너드 케인스, 르팽클린 D. 루스벨트 등 뉴딜정책의 주역들이 쓴 글들을 모아 편집했다.

《베트남: 철군의 논리Vietnam: The Logic of Withdrawal》

이 책은 1967년에 출간되었으며, 진에 따르면 베트남에서 미군의 철수를 주장한 최초의 책이다. 이 책은 '베트남: 목적과 수단'과 '흑인들과 베트남' 등 그가 1966년부터 전쟁에 반대하며 쓴 일련의 기고문을 토대로 하고 있다. 민권운동을 하면서 정부가 흑인들에게 최소한의 권리조차 부여하지 않으려는 모습을 지켜본 진은 자유와 민주주의를 명분으로 베트남에 폭탄을 쏟아붓는 정부의 논리를 도무지 받아들일 수 없었다. 진은 베트남에서 미군이 폭격과 기총 소사에 사용하는 연간 200억 달러의 전쟁비용은 연평균소득이 700달러에 불과한 모든 베트남 가정에 5000달러씩 나눠주고도 남을 돈임을 구체적으로 보여줌으로써 정부가 전쟁 명분으로 삼은 빈약한 논리를 반박했다. 미국이 한 달 동안 베트남에서 지출한 전쟁비용은 존슨 행정부가 빈곤층 지원을 위해 책정한 1년 예산보다도 많았다. 베트남전쟁은 어떤 체제도 공산주의보다는 낮다는 착각에 토대를 두고 있었다. 남베트남 정부처럼 극소수 부유한 엘리트 계급의 독재가 가난한 대다수의 국민을 짓밟는다 해도 미국은 그 체제를 지원

했다. 이는 많은 제3세계 국가
에서도 마찬가지였다.

진은 베트남전쟁의 명분—베트
남전쟁은 공산주의와 자유 진영의
대결이고 베트남이 공산화되면 다른
나라들도 도미노처럼 공산화될 것이며
미국은 외부의 침략자에 맞서 베트남에서
전쟁을 한다는—을 하나씩 열거하며 이를 어김없이 무너뜨렸다. 진은 전쟁에
서 승리할 수 있을 것이냐는 논란은 부차적인 것이라면서 과연 미국이 베트
남에 개입할 도덕적 근거가 있는지를 물었다. 전쟁에서 승리한다고 해도 그
것은 폭압적인 독재체제를 유지시킨다는 의미밖에 없었다.

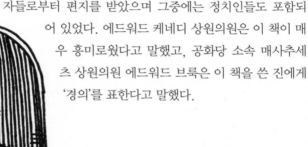

책은 존슨 대통령이 베트남에서 철군 입장을 밝힐 때 읽을 가상의 연설문
으로 끝난다. 그것은 결코 실현되지 않을 몽상이었다. 하지만 진은 많은 독
자들로부터 편지를 받았으며 그중에는 정치인들도 포함되
어 있었다. 에드워드 케네디 상원의원은 이 책이 매
우 흥미로웠다고 말했고, 공화당 소속 매사추세
츠 상원의원 에드워드 브룩은 이 책을 쓴 진에게
'경의'를 표한다고 말했다.

《전시戰時의 예술가들Anists in Times of War》

2003년에 출간된 이 책에서 진은 전쟁과 불의에 맞서 예술가들이 작품을 통해 어떻게 싸울 수 있는지를 이야기한다. 예술가들은 사회의 관습적 한계를 뛰어 넘는 새로운 것의 창조자일 뿐만 아니라 이 세상에 살고 있는 인간이기도 하다. 그러므로 그들은 예술을 통해 사회의 진보에 기여하고 이 세상의 고통을 경감시키는 일을 할 수 있다고 진은 말한다.

《마르크스 뉴욕에 가다Marx in Soho: A Play on History》

하워드 진은 1999년에 이 희곡을 썼다. 이 모노드라마는 관객들에게 마르크스와 그의 아내 제니, 그의 자녀들, 그리고 무정부주의자 미하일 바쿠닌을 소개한다. 이 희곡에서 진은 마르크스의 사상과 사회주의 혁명, 그리고 그의 사상이 21세기에도 여전히 울림이 있음을 유쾌하게 설명한다.

Artists in Times of War (2003)

The Cold War & the University: Toward an Intellectual History of the Postwar Years, Noam Chomsky (Editor), Authors: Ira Katznelson[8], R. C. Lewontin, David Montgomery, Laura Nader, Richard Ohmann[9], Ray Siever, Immanuel Waller- stein, Howard Zinn (1997)

Declarations of Independence: Cross-Examining American Ideology (1991)

Disobedience and Democracy: Nine Fallacies on Law and Order (1968, re-issued 2002)

Emma: A Play in Two Acts About Emma Goldman, American Anarchist (2002)

Failure to Quit: Reflections of an Optimistic Historian (1993)

The Future of History: Interviews With David Barsamian (1999)

Hiroshima: Breaking the Silence (pamphlet, 1995)

Howard Zinn on Democratic Education Donaldo Macedo (Editor) (2004)

Howard Zinn on History (2000)

Howard Zinn on War (2000)

Justice? Eyewitness Accounts (1977)

Justice in Everyday Life: The Way It Really Works (Editor) (1974)

LaGuardia in Congress (1959)

La Otra Historia De Los Estados Unidos (2000)

Marx in Soho: A Play on History (1999)

New Deal Thought (Editor) (1965)

Original Zinn: Conversations on History and Politics (2006) Howard Zinn and David Barsamian

Passionate Declarations: Essays on War and Justice (2003)

The Pentagon Papers Senator Gravel Edition. Vol. Five. Critical Essays. Boston. Bea- con Press, 1972. 341p. plus 72p. of Index to Vol. I-IV of the Papers, Noam Chomsky, Howard Zinn (Editor)

A People's History of American Empire (2008) by Howard Zinn, Mike Konopacki and Paul Buhle

A People's History of the Civil War: Struggles for the Meaning of Freedom by David

Williams, Howard Zinn (Series Editor) (2005)

A People's History of the United States: 1492– Present (1980), revised (1995)(1998)(1999)(2003)

A People's History of the United States: Teaching Edition Abridged (2003 updated)

A People's History of the United States: The Civil War to the Present Kathy Emery Ellen Reeves Howard Zinn (2003 teaching edition)

A People's History of the United States: The Wall Charts by Howard Zinn and George Kirschner (1995)

The People Speak: American Voices, Some Famous, Some Little Known (2004)

Playbook by Maxine Klein, Lydia Sargent and Howard Zinn (1986)

The Politics of History (1970) (2nd edition 1990)

Postwar America: 1945–1971 (1973)

A Power Governments Cannot Suppress (2006)

The Power of Nonviolence: Writings by Advocates of Peace (Editor) (2002)

SNCC: The New Abolitionists (1964)

The Southern Mystique (1962)

Terrorism and War (2002) (interviews, Anthony Amove (Ed.))

Three Strikes: Miners, Musicians, Salesgirls, and the Fighting Spirit of Labor's Last Century (Dana Frank, Robin Kelley, and Howard Zinn) (2002)

The Twentieth Century: A People's History (2003)

Vietnam: The Logic of Withdrawal (1967)

Voices of a People's History of the United States (with Anthony Amove, 2004)

You Can't Be Neutral on a Moving Train: A Personal History of Our Times (1994)

A Young People's History of the United States, adapted from the original text by Rebecca Stefoff; illustrated and updated through 2006, with new introduction and afterward by Howard Zinn; two volumes, Seven Stories Press, New York, 2007.
    Vol. 1: Columbus to the Spanish–American War.
    Vol. 2: Class Struggle to the War on Terror.

The Zinn Reader: Writings on Disobedience and Democracy (1997)